Cornelia Zingerling

Photos

Odette Teubner, Kerstin Mosny et Madga Weber

Adaptation

Élisa Vergne

HACHETTE

table des matières

La petite histoire des pâtés

Les pâtés ne sont ni des préparations culinaires des temps modernes ni des inventions raffinées de grands chefs. L'art d'enfermer de la viande ou du poisson dans une croûte de pâte était déjà connu au Ve siècle avant notre ère ! Ainsi le célèbre cuisinier de l'empereur Tibère, Apicius (25 av. J.-C.), prenait un malin plaisir à rendre les plats méconnaissables et considérait ses créations comme réussies « lorsqu'on n'était plus à même d'identifier ce que l'on avait sous la dent ».

En Méditerranée, le fleuron de la table était un pâté à base de viande, de sang, de miel et de toutes sortes d'aromates. Cet inventaire en fera grimacer certains, il n'a cependant rien d'insolite : le sang servait de liant, quant au miel, il a toujours été utilisé en cuisine, tant à Rome qu'en Grèce ou dans les pays arabes qui bordent la Méditerranée. L'inventeur de cette recette était un cuisinier du nom d'Epainetos, un créateur inlassable qui n'hésitait pas à faire la démonstration de ses talents avec un grand sens du spectacle. En somme, c'était le Bocuse de l'Antiquité.

L'art du pâté connut une étrange apogée en France, au XVe siècle. On voyait surgir de l'enveloppe de pâte des orchestres entiers, des ribambelles d'enfants ou des volées d'oiseaux !

Au début du XVIIIe siècle, le livre du cuisinier de la principauté de Salzbourg, Conrad Hagger, ne rassemblait pas moins de 189 reproductions de pâtés et surtouts de table. On y voit des paysages en pâte, avec des ruisseaux et des arbres, des oiseaux et du gibier. Les surtouts à plusieurs étages étaient constitués d'une armature en fer enveloppée de pâte, et contenaient des lions, des chevreuils ou des cerfs rôtis. On appréciait aussi beaucoup les cygnes ou les paons farcis et rôtis, que l'on rhabillait de leur plumage pour la présentation.

Il ne faut pas croire, cependant, que les pâtés et les terrines étaient l'apanage des tables nobles et riches. Dans l'Antiquité, ils étaient vendus dans les théâtres par des marchands ambulants, comme les glaces et le pop-corn dans nos cinémas. On pouvait aussi en acheter dans la rue, comme aujourd'hui nos sandwichs et hot-dogs. Au Moyen Âge, les pâtés étaient particulièrement appréciés jusque dans les pires gargotes où ils se vendaient à vil prix. Leur garniture était composée de gras et de viande de qualité inférieure, parfois quasi avariée. Inutile de dire que dissimuler le goût de la viande par toutes sortes d'épices et d'aromates était un véritable défi pour les petits cuisiniers.

Un succès mondial

Les pâtés nobles que nous connaissons aujourd'hui n'ont pas été inventés en France, mais ils y ont été perfectionnés. Au XVIe siècle, Catherine de Médicis arriva à Paris avec, dans ses malles, la recette de la *polpetta* (rôti de viande hachée). Les cuisiniers français l'adoptèrent aussitôt et eurent l'idée de la faire cuire au four dans une pâte briochée. Petit à petit, on imagina toutes sortes de farces à base de viande, de poisson et de légumes. Cet art se répandit bientôt dans toute l'Europe jusqu'en Russie où le *kouliébiaka* farci de brochet et de saumon fut considéré comme le roi des pâtés. Le grand Auguste Escoffier (1846-1935) l'annexa à son répertoire, si bien que le koulibiak est devenu l'un des classiques de la gastronomie française. Mais la cuisine russe est riche d'autres pâtés, tels les *pirojki*, petits chaussons fourrés au chou, au poisson ou à la viande. Ils peuvent aussi être garnis de dés de lard, de champignons ou de choucroute.

Les pâtés se sont véritablement imposés dans le monde entier : songez notamment aux *pies* anglais, aux *samosas* indiens que l'on fourre d'une garniture épicée et que l'on fait frire, ou bien aux *empanadas* espagnols ou argentins. La version grecque s'appelle *pitta* et contient du

fromage, des poireaux, de la viande, des épinards, etc.
Pour finir, imaginez les innombrables *dim sums* de la cuisine chinoise ! Là, l'enveloppe est constituée soit de pâte levée, soit de pâte à crêpe, soit de pâte à base de farine de tapioca. Ils sont cuits à la vapeur, rôtis ou frits. Quant aux garnitures, elles sont innombrables !
Le roi des pâtés n'est cependant pas un pâté au sens strict du terme (c'est-à-dire enveloppé dans de la pâte) mais une terrine (il est cuit dans un moule en terre). C'est le foie gras. Ce célèbre pâté, si délicieux et si cher lorsqu'il est truffé, a été inventé, vers 1782, par un pâtissier nommé Jean-Joseph Clause, alors cuisinier du maréchal de Contade, gouverneur de la province d'Alsace. Ce dernier présenta à Louis XV la création de Clause sous le nom de « pâté à la Contade ». Le roi en fut si charmé qu'il récompensa généreusement le gouverneur et son cuisinier. Grâce à quoi, Jean-Joseph Clause ouvrit une pâtisserie dédiée à la confection de son pâté de foie gras, qui devint célèbre dans le monde entier. Selon certains historiens, il semble que la terrine de foie gras aux truffes était déjà connue dans le sud-ouest de la France. Clause n'aurait été que le vulgarisateur d'une recette déjà éprouvée mais dont il aurait su perfectionner la préparation.

Mousses, pâtés, terrines et aspics : ce qu'il faut savoir

Le mot « mousse » désigne une purée de volaille, de jambon, de foie, de poisson ou de crustacés, confectionnée avec de la gélatine et/ou de la crème fouettée. Les mousses sont

Pour confectionner des pâtés, il est indispensable de posséder un robot ménager avec des lames bien affûtées pour hacher finement la viande des farces. Le tamis avec cadre en bois peut s'avérer utile pour certaines farces. Quant aux autres ustensiles, ils devraient figurer normalement dans la panoplie de toute bonne cuisinière.

généralement servies comme entrée raffinée ou comme élément d'un buffet froid.
Le mot « parfait » désigne à peu près la même chose, mais la plupart du temps il est servi à moitié (ou complètement) gelé.
Les « terrines » et les « pâtés » sont faits de farces à base de volaille, de viande, de gibier, de poisson, de légumes ou de crustacés. En principe, le mot « pâté » devrait désigner uniquement un apprêt composé de viande ou de poisson, enrobé dans de la pâte et cuit au four. Or, bien souvent, ce mot s'applique aussi à une composition quelconque bardée de lard, mise dans une terrine et cuite au four. Le vrai nom de ces préparations est « terrine » et ainsi devrait-on toujours les désigner, même si l'usage du mot « pâté » est passé dans les mœurs depuis des décennies.
Autre différence : les « terrines » se servent toujours froides, comme les mousses, alors que les « pâtés » peuvent être dégustés chauds ou froids.
Pour les pâtés froids, on utilise généralement une pâte dite « à pâté », faite de farine, de saindoux ou de beurre. Pour les pâtés destinés à être degustés chauds, on confectionne souvent une pâte à brioche commune ou une pâte feuilletée.
Les bardes de lard qui enveloppent les terrines sont destinées à empêcher la garniture de sécher. Très souvent, on enrobe aussi les terrines et les mousses, une fois refroidies, d'une couche de gelée. Cette gelée n'a pas seulement un rôle décoratif, elle empêche par ailleurs la farce de sécher.
Enfin les « aspics » ou « gelées » sont des apprêts salés ou sucrés, emprisonnés dans des préparations gélatineuses et pris dans des moules. On les sert notamment dans les buffets froids.
Tous ces mets ont un point commun : ils peuvent être préparés de un à trois jours à l'avance, à l'exception des pâtés qui se mangent tièdes ou chauds.
Mais on peut tout de même confectionner la pâte et la garniture la veille, pour ne procéder au montage et à la cuisson que le jour du repas.

Quelques conseils pratiques

Pour les terrines et les pâtés froids : tous les ingrédients doivent être travaillés au froid durant toute la phase de préparation, sinon la farce s'émiettera. L'idéal est de placer la jatte dans un bac rempli d'eau glacée ou de glaçons. Si votre robot a tendance à chauffer, réduisez la masse en purée par petites quantités. Les ingrédients préparés doivent être remis au réfrigérateur en attendant.
Les farces, qu'il s'agisse de viande ou de poisson, doivent toujours être assaisonnées généreusement, car elles perdent de leur goût à la cuisson. On compte un minimum de 10 grammes de poivre par kilo de farce. Si vous avez des doutes, goûtez à cru ou faites cuire une petite cuillerée de farce dans une poêle pour vérifier.
Les pâtés et les terrines ne sont guère recommandés aux personnes soucieuses de leur ligne, ni à celles qui ont du cholestérol. Leur teneur en matières grasses est assez élevée, car sans cela la farce ne tiendrait pas. C'est pourquoi on les consomme soit en entrée, soit comme en-cas raffiné, mais toujours avec modération.
L'alcool est absolument indispensable dans les marinades des pâtés classiques. Pour les gelées, vous pouvez lui substituer des bouillons ou des fumets, mais elles ne seront pas aussi parfumées.
La confection des terrines et des pâtés réclame beaucoup de travail. Prévoyez du temps, armez-vous de patience et ne boudez pas votre plaisir. Tous vos efforts seront récompensés par les louanges de vos hôtes !
Si vous souhaitez faire des pâtés assez souvent, vous pouvez préparer de la pâte à l'avance et la congeler. Ainsi la première étape sera déjà faite.

Accessoires et ustensiles

Il n'est pas indispensable de posséder une panoplie d'appareils et de moules sophistiqués. La plupart du temps un simple moule à cake fait l'affaire.

On trouve dans le commerce toutes sortes de moules pour pâtés et terrines, et presque pour chaque spécialité. Mais un moule à cake ou un moule en faïence peut tout aussi bien faire l'affaire. Si votre moule n'a pas de couvercle, fermez-le avec de l'aluminium ménager.

Pour les mousses, on peut utiliser n'importe quel moule ou récipient. Pour les pâtés, les magasins spécialisés et les rayons des grands magasins proposent toute une gamme de moules qui s'ouvrent grâce à un système de charnières.

Pour couper la pâte, utilisez une roulette à pâte à roue lisse ou dentelée. Pour les cheminées, vous pouvez acheter dans le commerce des formes pour les découper. Elles permettent à la vapeur de s'échapper en cours de cuisson. Vous les maintiendrez ouvertes avec un petit bristol roulé.

Les emporte-pièce vous permettront de décorer vos pâtés.

Pour la préparation des farces, un hachoir est indispensable. Il doit avoir des couteaux bien affûtés et des grilles de diverses grosseurs. Commencez toujours par hacher la viande que vous aurez préalablement coupée en dés et placée au froid, et ensuite seulement hachez le lard. Lorsque vous avez terminé, détachez les petits bouts de viande qui restent collés à l'arbre de manivelle en faisant passer un morceau de pain dur. Mais veillez à ce qu'aucune miette ne tombe dans la farce !

À défaut de hachoir, vous pouvez aussi utiliser un robot ménager ; sachez seulement que la farce sera hachée beaucoup plus fin, ce qui ne convient pas à certains types de pâtés comme les pâtés de campagne par exemple.

Pour les mousses, qui doivent être très fines, il est recommandé de passer la farce à travers un tamis spécial, muni d'un cadre en bois.

Enfin, si vous avez un four à chaleur tournante, pensez à prévoir une température de cuisson inférieure de 20 degrés à celle indiquée dans les recettes.

CRÈME DE FOIE

onctueux

Une portion contient environ :
200 kcal. Protides 12 g.
Lipides 16 g. Glucides 2 g.

Pour 8 à 10 personnes
Préparation : 15 mn
Cuisson : 20 mn

- *500 g de foies de volaille*
- *100 g de lard fumé*
- *1 oignon*
- *2 gousses d'ail*
- *quelques gouttes de jus de citron*
- *70 g de beurre*
- *2 cuil. à soupe de crème fraîche épaisse*
- *8 feuilles de sauge*
- *1 cuil. à café de thym moulu*
- *1 cuil. à café de romarin moulu*
- *10 cl de porto*
- *3 cuil. à soupe d'huile d'olive*
- *sel, poivre blanc du moulin*

1. Nettoyez avec soin les foies de volaille. Taillez le lard en tout petits dés. Pelez, hachez l'oignon.

2. Dans une poêle, faites chauffer l'huile, faites-y revenir l'oignon. Ajoutez le lard et laissez cuire 3 mn à feu moyen. Passez l'ail au presse-ail au-dessus de la poêle. Ajoutez ensuite les foies de volaille et faites-les revenir à feu vif, 3 ou 4 mn, en remuant.

3. Ajoutez les aromates, salez et poivrez. Arrosez avec le porto, couvrez la poêle et laissez mijoter 2 mn à feu doux. Laissez un peu refroidir hors du feu.

4. Retirez les feuilles de sauge de la poêle avant de mixer son contenu. Liez la purée obtenue avec le beurre juste fondu et la crème fraîche. Resalez si besoin et parfumez de jus de citron. Servez bien froid, avec du pain frais et des cornichons.

MOUSSE DE TOMATES

décoratif

Une portion contient environ :
130 kcal. Protides 3 g.
Lipides 12 g. Glucides 4 g.

Pour 6 à 8 personnes
Préparation : 30 mn
Cuisson : 10 mn
Réfrigération : 4 h 30

- *1 oignon*
- *20 g de beurre*
- *25 cl de crème fleurette très froide*
- *1 grande boîte de tomates pelées*
- *2 cuil. à soupe de pulpe de tomate*
- *sauce Tabasco*
- *4 feuilles de gélatine*
- *1 pincée de sucre*
- *sel*

1. Faites ramollir la gélatine dans un bol d'eau froide. Égouttez les tomates en recueillant leur jus, puis épépinez-les et coupez-les en quartiers.

2. Pelez l'oignon, détaillez-le en petits dés. Faites fondre le beurre dans une poêle et faites-y revenir l'oignon à feu moyen, en remuant, jusqu'à ce qu'il soit translucide.

3. Mixez les tomates avec l'oignon, versez la purée obtenue dans un saladier. Assaisonnez de sel, de sucre et de quelques gouttes de Tabasco. Dans une petite casserole, faites chauffer 3 cuillerées à soupe du jus des tomates et faites-y dissoudre la gélatine égouttée. Puis mélangez avec la pulpe et la purée de tomates.

4. Versez la préparation dans une jatte et mettez 30 mn au réfrigérateur. Fouettez la crème jusqu'à ce qu'elle soit ferme. Dès que la mousse commence à prendre, incorporez délicatement la crème fouettée. Laissez prendre 4 h au moins au réfrigérateur.

5. Prélevez les portions à l'aide d'une cuillère à soupe passée à l'eau chaude.

♦ Cette mousse accompagne délicieusement les salades de crabe.

Au premier plan : crème de foie.
À l'arrière-plan : mousse de tomates.

MOUSSE D'ASPERGES

de saison

Une portion contient environ :
230 kcal. Protides 10 g.
Lipides 18 g. Glucides 7 g.

Pour 4 personnes
Préparation : 30 mn
Cuisson : 20 mn
Réfrigération : 4 h 30

- *1 kg d'asperges blanches*
- *1/2 cuil. à café de jus de citron*
- *250 g de yaourt nature*
- *15 cl de crème fleurette très froide*
- *3 cuil. à soupe de mayonnaise*
- *noix muscade fraîchement râpée*
- *4 feuilles de gélatine*
- *sel, poivre blanc du moulin*

1. Grattez les asperges et coupez la partie ligneuse. Détaillez-les en tronçons de 5 cm, faites-les cuire 20 mn dans une casserole d'eau bouillante salée. Égouttez-les soigneusement. Mettez à ramollir la gélatine dans un bol d'eau froide.

2. Mixez les morceaux d'asperges. Faites dissoudre la gélatine égouttée dans un peu d'eau chaude et incorporez-la à la purée d'asperges. Ajoutez le yaourt et la mayonnaise. Versez cette purée dans un saladier et assaisonnez-la de jus de citron, sel, poivre et muscade. Mettez la préparation 30 mn au réfrigérateur.

3. Fouettez la crème fleurette jusqu'à ce qu'elle soit bien ferme. Incorporez-la à la préparation dès que celle-ci commence à prendre. Laissez pendant 4 h au moins au réfrigérateur.

4. Prélevez les portions avec une cuillère à soupe passée à l'eau chaude et servez avec des toasts.

MOUSSE D'AVOCATS

raffiné

Une portion contient environ :
290 kcal. Protides 9 g.
Lipides 26 g. Glucides 4 g.

Pour 10 personnes
Préparation : 40 mn
Cuisson : 10 mn
Réfrigération : 6 h

- *4 avocats mûrs à point*
- *1 gousse d'ail*
- *3 cuil. à soupe de jus de citron*
- *8 jaunes d'œufs*
- *75 cl de lait*
- *8 feuilles de gélatine*
- *sel, poivre blanc du moulin*

1. Faites ramollir la gélatine dans un bol d'eau froide. Faites bouillir le lait. Travaillez les jaunes d'œufs au fouet jusqu'à obtention d'une masse crémeuse. Incorporez-y le lait chaud (non bouillant). Placez le mélange sur le feu dans un bain-marie chaud et remuez jusqu'à ce que la crème épaississe.

2. Égouttez la gélatine et incorporez-la à la crème chaude.

3. Pelez 3 avocats, fendez-les en deux et ôtez le noyau. Mettez 3 moitiés de côté aussitôt arrosées de jus de citron. Réduisez le reste en purée, incorporez celle-ci à la crème. Salez et poivrez généreusement. Ajoutez l'ail pelé et passé au presse-ail. Mélangez.

4. Détaillez les 3 demi-avocats en dés de 1 cm. Dans un moule à cake en Pyrex de 1,5 litre de contenance, versez la moitié de la crème d'avocats et répartissez les dés dessus. Couvrez avec le reste de la crème. Fermez le moule avec du film alimentaire. Faites prendre au réfrigérateur, au moins 6 h.

5. Pour servir, plongez le moule 10 secondes dans de l'eau chaude et retournez-le sur un plat. Décorez avec l'avocat restant coupé en lamelles et arrosé de jus de citron.

Au premier plan : mousse d'asperges.
À l'arrière-plan : mousse d'avocats.

RILLETTES DE LANGUE FUMÉE

rustique

Une portion contient environ : 360 kcal. Protides 8 g. Lipides 36 g. Glucides 1 g.

Pour 4 à 6 personnes

Préparation : 15 mn

Réfrigération : 2 h

- *300 g de langue de bœuf fumée cuite*
- *1 petit oignon*
- *1 zeste de citron non traité râpé*
- *200 g de beurre*
- *1 branche de thym émietté*
- *1 cuil. à soupe de porto rouge*
- *1 cuil. à soupe de madère*
- *sel, poivre blanc du moulin*

1. Taillez la langue de bœuf en cubes de 1 cm. Pelez et détaillez l'oignon en petits dés. Réduisez le tout en purée fine au hachoir électrique.

2. Incorporez à la masse le beurre ramolli, le thym émietté, une pincée de zeste du citron râpé et tous les autres ingrédients.

3. Déposez les rillettes dans un saladier et placez-le au froid 1 ou 2 h avant de servir. Servez ce pâté avec du pain bis et des cornichons. Parsemez-le éventuellement d'olives vertes et noires finement coupées.

VARIANTE

Vous pouvez en plus mélanger au pâté 100 g de petits dés de langue de bœuf ou de jambon.

PÂTÉ DE TRUITE FUMÉE

festif

Une portion contient environ : 200 kcal. Protides 17 g. Lipides 14 g. Glucides 1 g.

Pour 6 personnes

Préparation : 10 mn

- *500 g de filets de truite fumée*
- *100 g de fromage blanc à la crème*
- *150 g de mascarpone*
- *sel, poivre blanc du moulin*

Pour décorer : olives vertes et noires

1. Émiettez les filets de truite après en avoir éliminé les arêtes restantes.

2. Mixez le poisson avec le mascarpone et le fromage blanc à la crème. Salez et poivrez.

3. Disposez ce mélange dans une jolie coupe et décorez-le d'olives vertes et noires.

♦ Le mascarpone, fromage blanc italien riche en crème et très épais, se trouve maintenant couramment en boîte chez les fromagers ainsi que dans les rayons fraîcheur des supermarchés.

VARIANTE

Gelée au vin blanc : elle se marie délicieusement au pâté de truite. Faites chauffer 30 cl de vin blanc sec et faites-y dissoudre 3 feuilles de gélatine préalablement ramollies à l'eau froide. Versez le liquide sur 1 cm de hauteur dans un récipient plat et laissez prendre 3 h au réfrigérateur. Découpez ensuite la gelée en petits dés et disposez-les tout autour du pâté.

Au premier plan : rillettes de langue fumée.
À l'arrière-plan : pâté de truite fumée.

MOUSSE DE LIÈVRE

parfumé

Une portion contient environ : 210 kcal. Protides 8 g. Lipides 17 g. Glucides 5 g.

Pour 12 personnes
Préparation : 20 mn
Cuisson : 15 mn
Marinade : 2 h
Réfrigération : 5 h

- *400 g de chair de râble de lièvre*
- *1 oignon*
- *3 branches de persil plat*
- *2 branches de céleri*
- *120 g de beurre*
- *25 cl de crème fraîche*
- *1 branche de thym*
- *1 branche de romarin*
- *4 baies de genièvre*
- *2 feuilles de laurier*
- *4 cuil. à soupe de vin blanc sec*
- *25 cl de porto blanc*
- *1 cuil. à soupe de madère*
- *1 cuil. à soupe de vermouth sec*
- *2 cuil. à soupe d'huile d'olive*
- *sel, poivre du moulin*

Pour servir : compote d'airelles

1. Pelez l'oignon et coupez-le en quatre. Lavez et coupez grossièrement le persil et le céleri. Mettez ces légumes et la viande dans un saladier avec thym, romarin, genièvre, laurier, vin et porto. Couvrez et laissez mariner 2 h au réfrigérateur.

2. Ôtez la viande de la marinade et épongez-la. Faites chauffer l'huile dans une poêle et faites-y dorer la viande 5 mn sur toutes ses faces. Retirez-la de la poêle et mettez-la de côté. Versez la marinade et ses ingrédients dans la poêle et laissez-la réduire à découvert, à feu moyen, jusqu'à ce qu'il n'en reste plus que la valeur de 8 cuillerées à soupe.

3. Passez la viande au robot pour la réduire en purée. Filtrez le fond de cuisson. Ajoutez le beurre et le fond de cuisson et faites fonctionner l'appareil jusqu'à obtention d'une masse homogène.

4. Assaisonnez généreusement de sel, de poivre, de madère et de vermouth, puis laissez refroidir.

5. Fouettez la crème jusqu'à ce qu'elle soit ferme et incorporez-la à la préparation. Mettez-la 5 h au réfrigérateur. Pour servir, prélevez les portions à l'aide d'une cuillère à soupe plongée dans de l'eau chaude et disposez-les sur les assiettes. Entourez-les d'une compote d'airelles.

CONSEIL !

Pour ennoblir ce pâté, vous pouvez décorer les portions de lamelles de truffe.

MOUSSE EXPRESS AU JAMBON

sans façon

Une portion contient environ : 260 kcal. Protides 25 g. Lipides 17 g. Glucides 2 g.

Pour 4 personnes
Préparation : 10 mn
Réfrigération : 4 h

- *300 g de jambon de Paris*
- *200 g de mascarpone*
- *10 olives vertes dénoyautées*
- *sel, poivre blanc du moulin*

1. Retirez le gras du jambon et taillez-le en tout petits dés. Coupez très finement ou hachez les olives.

2. Mélangez ensemble le jambon, les olives et le mascarpone . Goûtez et rectifiez l'assaisonnement. Laissez 4 h au réfrigérateur. Servez cette mousse avec du pain grillé.

Au premier plan : mousse express au jambon.
À l'arrière-plan : mousse de lièvre.

MOUSSE DE SAUMON FUMÉ

pour recevoir

Une portion contient environ : 170 kcal. Protides 11 g. Lipides 12 g. Glucides 4 g.

Pour 12 personnes
Préparation : 40 mn
Réfrigération : 6 h

- *500 g de saumon fumé en tranches*
- *1 oignon*
- *3 cuil. à soupe de jus de citron*
- *25 cl de lait*
- *40 g de beurre*
- *20 cl de crème fleurette très froide*
- *3 cuil. à soupe de farine*
- *1 pincée de sucre*
- *5 feuilles de gélatine*
- *sel, poivre blanc du moulin*

Pour décorer : brins d'aneth et citron.

1. Dans une petite casserole, amenez à ébullition le lait avec l'oignon coupé en quatre. Laissez frémir 2 mn, puis laissez reposer 10 mn hors du feu.

2. Faites ramollir la gélatine dans un bol d'eau froide. Faites fondre le beurre dans une casserole et incorporez la farine en remuant. Filtrez le lait, versez-le sur ce roux et mélangez au fouet jusqu'à obtention d'une sauce. Portez à ébullition, puis retirez du feu. Salez, poivrez, ajoutez le jus de citron et le sucre. Faites dissoudre la gélatine égouttée dans la béchamel chaude.

3. Coupez le saumon en petits morceaux, réduisez-les en purée. Incorporez à la béchamel et laissez refroidir. Fouettez la crème et mélangez-la à la préparation. Versez celle-ci dans un moule long, de 1 litre. Couvrez et entreposez 6 h au réfrigérateur.

4. Pour servir, démoulez en retournant sur un plat. Décorez avec des brins d'aneth et des rondelles de citron.

MOUSSE DE RIS DE VEAU

fin

Une portion contient environ : 160 kcal. Protides 6 g. Lipides 10 g. Glucides 5 g.

Pour 8 personnes
Préparation : 30 mn
Cuisson : 30 mn
Dégorgement : 30 mn
Réfrigération : 6 h 30

- *250 g de ris de veau*
- *1 petite carotte*
- *40 g de beurre*
- *20 cl de crème fleurette très froide*
- *6 feuilles de gélatine*
- *30 cl de bouillon de volaille*
- *25 cl de porto blanc*
- *3 cuil. à soupe de vermouth sec*
- *sel, poivre blanc du moulin*

1. Faites dégorger les ris de veau 30 mn dans de l'eau froide en changeant l'eau trois fois. Pelez et coupez la carotte en tout petits dés. Égouttez les ris, retirez-en la peau et les petits vaisseaux, puis coupez-les en morceaux.

2. Faites revenir la carotte à la poêle, dans le beurre, à feu moyen, 2 ou 3 mn, puis les ris de veau 5 à 8 mn, en remuant. Salez, poivrez, arrosez avec le bouillon de volaille, 10 cl de porto et le vermouth. Laissez réduire 20 mn à découvert, à feu moyen.

3. Faites ramollir la gélatine dans un bol d'eau froide. Réduisez les ris de veau et la carotte en purée, tout en versant peu à peu 10 cuillerées à soupe du liquide de cuisson. Liez ensuite avec le liquide de cuisson restant.

4. Faites chauffer le reste du porto et faites-y dissoudre la gélatine égouttée. Incorporez à la purée et mettez 30 mn au froid. Battez la crème au fouet et incorporez-la à son tour. Versez le tout dans un moule. Couvrez et laissez prendre 6 h au réfrigérateur.

Au premier plan : mousse de ris de veau.
À l'arrière-plan : mousse de saumon fumé.

KOULIBIAK

tradition russe

Une portion contient environ : 520 kcal. Protides 23 g. Lipides 19 g. Glucides 65 g.

Pour 12 personnes
Préparation : 1 h
Repos de la pâte : 1 h 30 - 2 h
Cuisson : 1 h 25

Pour la pâte :
- *700 g de farine*
- *100 g de beurre*
- *20 cl de lait*
- *1 œuf*
- *1 cuil. à café de sucre*
- *1 cube de levure de boulanger (42 g)*
- *sel*

Pour la garniture :
- *400 g de filet de brochet*
- *400 g de filet de saumon*
- *1 petit oignon*
- *2 œufs*
- *60 g de beurre*
- *20 cl de lait*
- *1 cuil. à soupe de crème liquide*
- *200 g de riz*
- *1 petit pain rassis*
- *1 bouquet de persil*
- *sel, poivre blanc*

Pour la dorure : 1 jaune d'œuf
Pour la plaque : beurre

1. Préparez la pâte : dans une casserole, faites chauffer le lait avec le sucre, émiettez la levure audessus et délayez. Déposez la farine dans un saladier, ajoutez le beurre en copeaux, l'œuf et le sel. Versez-y le mélange lait-levure et pétrissez le tout jusqu'à obtention d'une pâte ferme. Couvrez d'un linge, laissez lever dans un endroit tiède jusqu'à ce que la pâte ait doublé de volume (de 1 h 30 à 2 h).

2. Portez à ébullition 50 cl d'eau. Salez. Ajoutez le riz et 20 g de beurre. Couvrez et laissez cuire 25 mn à feu doux.

3. Préchauffez le four à 200 °C (th. 6). Enduisez un plat à four avec 20 g de beurre, déposez-y le riz et répartissez dessus le reste du beurre en copeaux. Enfournez à mi-hauteur et faites légèrement dorer pendant 20 mn. Gardez le four allumé après la cuisson.

4. Ôtez avec soin les arêtes du brochet, puis coupez la chair en cubes de 2 cm. Mélangez-les avec la crème dans une jatte et mettez-les 10 mn au congélateur avant de les réduire en purée.

5. Hachez finement l'oignon. Faites ramollir le petit pain dans le lait, puis pressez-le. Cassez les œufs, séparez les jaunes des blancs. Hachez finement le persil. Mélangez à la purée de brochet l'oignon, le petit pain, les jaunes d'œufs et le persil. Salez et poivrez. Battez les blancs en neige ferme et incorporez-les. Mettez au réfrigérateur.

6. Détaillez le filet de saumon en petits dés.

7. Travaillez la pâte mise à lever pour la faire retomber ; étalez-la au rouleau sur une surface farinée, de façon à obtenir un rectangle de 30 x 40 cm. Répartissez la moitié du riz sur une moitié du rectangle (15 x 40), puis étalez par-dessus la moitié de la farce au brochet. Parsemez avec les dés de saumon, couvrez avec le reste de la farce, puis le reste du riz.

8. Rabattez l'autre moitié de pâte et soudez les bords. Coupez les morceaux qui dépassent, étalez-les au rouleau, puis découpez des motifs décoratifs avec des emporte-pièce. Percez deux cheminées sur le dessus et badigeonnez le koulibiak avec le jaune battu avec 1 cuillerée d'eau. Disposez les motifs et badigeonnez-les également.

9. Posez le koulibiak sur la plaque du four beurrée. Enfournez à mi-hauteur et faites cuire 40 mn. Si la pâte brunit trop vite, recouvrez-la d'aluminium ménager.

10. Coupez le koulibiak tiède en tranches de 2 ou 3 cm d'épaisseur. Servez éventuellement avec du beurre fondu ou de la crème chaude.

Ce célèbre pâté russe (kouliébiaka) est devenu un classique de la cuisine européenne.

PÂTÉ DE CANARD

cordon bleu

Une portion contient environ :
520 kcal. Protides 23 g.
Lipides 36 g. Glucides 27 g.

Pour 16 parts
Préparation : 2 h
Repos de la pâte : 2 h
Cuisson : 1 h 15 - Réfrigération : 28 h

Pour la pâte :
- *500 g de farine*
- *250 g de saindoux*
- *1 jaune d'œuf*
- *sel*

Pour la garniture :
- *1 canard vidé (2 kg environ) avec son foie*
- *250 g d'échine de porc*
- *200 g d'épaule de veau*
- *200 g de foie de veau*
- *200 g de lard frais*
- *1 œuf*
- *1 ou 2 cuil. à café de thym moulu*
- *40 g de pistaches décortiquées*
- *1 cuil. à café de quatre-épices*
- *2 cuil. à soupe d'eau-de-vie*
- *2 cuil. à soupe d'huile*
- *sel, poivre blanc*

Pour le moule : beurre
Pour la dorure : 1 jaune d'œuf
Pour le plan de travail : farine
Pour la gelée :
- *3 feuilles de gélatine*
- *20 cl de bouillon de viande*
- *10 cl de madère*

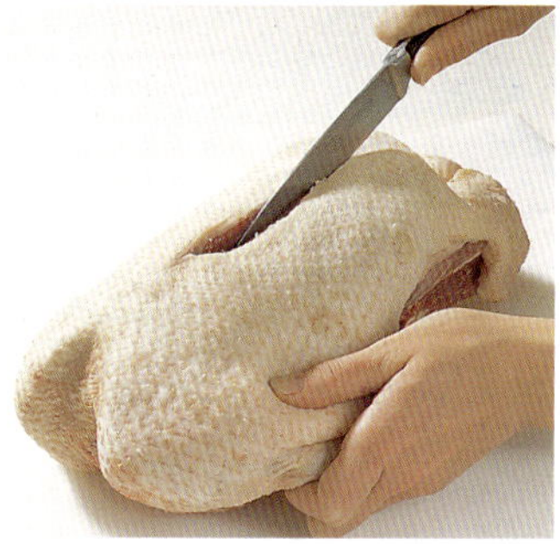

1. Pétrissez rapidement les ingrédients de la pâte avec 10 ou 15 cl d'eau froide. Faites-en une boule et mettez-la 2 h au réfrigérateur. Retirez la peau de la volaille, détachez les cuisses et les filets. Mettez de côté les filets et le foie. Détaillez la chair des cuisses en petits dés et mettez-les dans une jatte.

2. Coupez en petits dés la viande de porc et de veau. Mélangez-les avec la chair des cuisses, le thym, le quatre-épices et l'eau-de-vie, couvrez et mettez au réfrigérateur. Taillez le lard en petits cubes et mettez-les aussi au froid. Ôtez la peau et les petits canaux du foie de veau et coupez-le en morceaux de 3 x 4 cm.

3. Faites chauffer l'huile dans une poêle et faites-y revenir rapidement les filets de canard et les foies. Salez et poivrez. Préchauffez le four à 220 °C (th. 7). Hachez deux fois le reste de la viande et une fois le lard. Mélangez. Incorporez les pistaches grossièrement hachées et l'œuf. Salez et poivrez.

4. Sur une surface farinée, étalez la pâte au rouleau en un rectangle de 4 mm d'épaisseur. Posez au centre un moule rectangulaire de 1,5 litre et faites-le basculer sur ses côtés pour marquer ses dimensions. Découpez la pâte, tapissez-en le moule beurré. Étalez le reste de la pâte sur 5 mm pour faire un couvercle.

5. Versez un tiers de la farce dans le moule, puis déposez le foie et les filets du canard dessus. Couvrez avec un autre tiers de farce, répartissez les morceaux de foie de veau. Étalez le reste de la farce. Tapez le moule sur la table pour bien tasser. Couvrez le pâté avec le couvercle de pâte et soudez les bords.

6. Percez deux cheminées. Maintenez-les ouvertes avec de l'aluminium ménager roulé. Badigeonnez le couvercle avec le jaune d'œuf battu avec une cuillerée d'eau. Décorez avec des motifs taillés dans les chutes de pâte, badigeonnez-les. Enfournez à mi-hauteur, 15 mn à 220 °C, puis 1 h à 180 °C (th. 6).

7. Laissez refroidir le pâté avant de le mettre 3 ou 4 h au réfrigérateur. Faites ramollir la gélatine dans un bol d'eau froide. Faites chauffer le bouillon et faites-y dissoudre la gélatine égouttée. Ajoutez le madère. Versez la gelée, froide, dans le pâté par les cheminées.

8. Laissez 24 h au réfrigérateur. Servez ce pâté accompagné d'une salade multicolore.

CONSEIL !

Pour toutes les farces à base de viande, il est important, lors de la préparation, d'éliminer tous les nerfs, canaux et petites peaux pour obtenir une farce moelleuse.
Si vous voulez fignoler, vous pouvez aussi passer la farce au tamis fin.

VARIANTE

Terrine de canard
Si vous êtes pressée, ne préparez pas la pâte. Tapissez le moule de bardes de lard. Elles doivent être assez longues pour pouvoir envelopper la farce. Avant d'enfourner, tapez le moule plusieurs fois pour bien tasser la farce et chasser les bulles d'air. Placez-le ensuite au bain-marie, au four, et laissez cuire pendant 1 h à 180 °C (th. 6).
Laissez reposer 1 journée au réfrigérateur.
Vous pouvez présenter la gelée à part : versez la gelée, chaude, sur une assiette plate, laissez-la durcir puis coupez-la en petits dés. Ou bien renoncez à la gelée et servez avec des cornichons, des petits oignons et des cerises au vinaigre ou des pickles (assortiment de petits légumes au vinaigre).

PÂTÉ DE CAILLE

subtil

Une portion contient environ : 400 kcal. Protides 12 g. Lipides 26 g. Glucides 29 g.

Pour 15 parts
Préparation : 2 h
Repos de la pâte : 2 h
Cuisson : 1 h 20
Réfrigération : 28 h

Pour la pâte :
- *500 g de farine*
- *250 g de saindoux*
- *1 jaune d'œuf*
- *sel*

Pour la garniture :
- *les blancs de 8 cailles*
- *200 g d'épaule de porc*
- *400 g de blancs de poulet*
- *150 g de foies de volaille*
- *120 g de lard gras*
- *1 œuf*
- *30 g de truffe noire (en conserve)*
- *30 g de pistaches décortiquées*
- *10 cl de bouillon de volaille*
- *2 cuil. à soupe de porto blanc*
- *2 cuil. à soupe d'huile d'olive*
- *sel, poivre blanc*

Pour la dorure : 1 jaune d'œuf
Pour le moule : beurre
Pour la gelée :
- *4 feuilles de gélatine*
- *20 cl de bouillon de viande*
- *10 cl de porto blanc*

1. Pétrissez tous les ingrédients de la pâte avec 10 ou 15 cl d'eau froide jusqu'à obtention d'une pâte ferme et élastique. Couvrez et laissez 2 h au réfrigérateur.

2. Faites chauffer l'huile dans une poêle et faites-y revenir les blancs de cailles des deux côtés pendant 1 mn. Salez, poivrez et déposez-les sur du papier absorbant.

3. Coupez en dés le porc, le poulet et le lard, et hachez-les deux fois. Déposez le tout dans un saladier, salez et poivrez. Ajoutez l'œuf, les foies de volaille détaillés en dés de 1 cm, puis les pistaches hachées, la truffe coupée en tout petits dés, le porto et le bouillon de volaille Mélangez et assaisonnez généreusement.

4. Préchauffez le four à 220 °C (th. 7). Étalez la pâte, sur une surface farinée, en un rectangle de 4 mm d'épaisseur. Posez au centre un moule rectangulaire de 1,5 litre et faites-le basculer de tous les côtés pour en marquer les dimensions. Découpez la pâte et tapissez-en le moule beurré.

5. Versez un tiers de la farce dans le moule et disposez dessus la moitié des blancs de cailles, puis un autre tiers de farce, puis le reste des blancs, enfin le reste de la farce. Lissez bien. Rassemblez les chutes de pâte et étalez-les sur 5 mm d'épaisseur. Recouvrez-en le pâté, soudez bien les bords. Badigeonnez la pâte avec le jaune d'œuf battu avec 1 cuillerée d'eau. Percez trois cheminées. Maintenez-les ouvertes avec de l'aluminium ménager roulé. S'il vous reste de la pâte, découpez des motifs décoratifs et collez-les sur le dessus. Badigeonnez-les également.

6. Enfournez à mi-hauteur, 10 mn, puis recouvrez le pâté d'aluminium et poursuivez la cuisson pendant 1 h 10 à 180 °C (th. 6). Éliminez le liquide qui a pu se former. Laissez refroidir le pâté dans le four éteint. Gardez 3 ou 4 h au réfrigérateur.

7. Faites ramollir la gélatine dans un bol d'eau froide. Faites chauffer le bouillon de viande dans une casserole et faites-y dissoudre la gélatine égouttée. Ajoutez le porto et versez ce liquide dans le pâté par les cheminées. Laissez prendre 24 h au réfrigérateur.

De la confiture d'airelles et la sauce Cumberland (p. 40) accompagnent délicieusement ce pâté de caille.

TOURTE AUX POIREAUX

plantureux

Une portion contient environ : 470 kcal. Protides 11 g. Lipides 38 g. Glucides 23 g.

Pour 8 personnes
Préparation : 30 mn
Cuisson : 55 mn

- *450 g de pâte feuilletée*
- *150 g de lard fumé*
- *750 g de poireaux*
- *20 g de beurre*
- *4 œufs + 1 jaune*
- *20 cl de crème fraîche épaisse*
- *1/4 de cuil. à café de muscade râpée*
- *sel, poivre du moulin*

Pour le moule : beurre

1. Taillez le lard en petits dés, faites-les dorer à la poêle, dans le beurre, à feu moyen. Ajoutez les poireaux coupés en petits tronçons lavés, et poursuivez la cuisson 10 mn en remuant. Salez et poivrez. Laissez tiédir.

2. Préchauffez le four à 170 °C (th. 5).

3. Sur une surface farinée, étalez deux tiers de la pâte. Tapissez-en un moule beurré de 28 cm de diamètre. Dessus, répartissez les poireaux, puis les œufs entiers mélangés avec la crème et parfumez de muscade.

4. Étalez le dernier tiers de pâte en couvercle et couvrez-en la garniture. Soudez les bords et récupérez les chutes. Percez une cheminée au centre.

5. Délayez le jaune d'œuf avec une cuillerée d'eau, badigeonnez-en le dessus de la tourte. Découpez des motifs décoratifs dans les chutes de pâte, collez-les, puis enduisez-les de jaune d'œuf. Enfournez à mi-hauteur et faites cuire 40 mn à 170 °C.

TOURTE AUX CHAMPIGNONS

rustique

Une portion contient environ : 400 kcal. Protides 13 g. Lipides 28 g. Glucides 22 g.

Pour 8 personnes
Préparation : 45 mn
Cuisson : 45 mn

- *450 g de pâte feuilletée*
- *400 g de cèpes petits et fermes (ou de girolles)*
- *1 tranche de jambon cru*
- *1 oignon, 1 gousse d'ail*
- *25 cl de lait*
- *3 œufs + 1 jaune*
- *50 g d'emmenthal*
- *50 g de parmesan râpé*
- *2 1/2 cuil. à soupe de farine*
- *1 cuil. à café de thym effeuillé*
- *3 cuil. à soupe de persil plat*
- *2 cuil. à soupe d'huile d'olive*
- *sel, poivre blanc*

Pour le moule : beurre

1. Pelez, coupez l'oignon en petits dés. Nettoyez les champignons. Taillez le jambon et l'emmenthal en tout petits dés.

2. Faites revenir l'oignon dans l'huile. Ajoutez le jambon, les champignons, l'ail pressé. Faites cuire 5 mn en remuant. Poudrez de farine, versez le lait et portez à ébullition en remuant. Hors du feu, ajoutez l'emmenthal, le parmesan, le thym et le persil haché. Salez et poivrez. Laissez tiédir, puis incorporez les 3 œufs, en mélangeant bien.

3. Préchauffez le four à 200 °C (th. 6). Passez sous l'eau froide un moule à tarte de 24 cm de diamètre. Sur une surface farinée, étalez deux tiers de la pâte pour le moule, et un tiers pour le couvercle de pâte. Tapissez le moule de pâte et répartissez dessus les champignons. Couvrez, soudez les bords et coupez ce qui dépasse.

4. Badigeonnez le dessus de la tourte avec le jaune d'œuf délayé avec une cuillerée d'eau. Collez dessus des motifs décoratifs découpés dans les chutes de pâte, badigeonnez aussi de jaune d'œuf. Enfournez à mi-hauteur et faites cuire 35 mn à 200 °C.

En haut : tourte aux poireaux.
En bas : tourte aux champignons.

PÂTÉ DE CHEVREUIL

royal

Une portion contient environ : 680 kcal. Protides 25 g. Lipides 47 g. Glucides 36 g.

Pour 12 personnes

Préparation : 2 h

Repos de la pâte et marinade : 2 h

Cuisson : 1 h 20

Réfrigération : 30 h

Pour la pâte :
- *500 g de farine*
- *250 g de saindoux*
- *1 jaune d'œuf, sel*

Pour la garniture :
- *350 g de filet de chevreuil*
- *400 g de cuissot de chevreuil*
- *350 g d'épaule de porc*
- *450 g de lard gras*
- *2 œufs*
- *20 g de beurre*
- *40 g de truffe noire (en conserve)*
- *1 gousse d'ail*
- *30 g d'échalotes*
- *1 cuil. à café de thym effeuillé*
- *40 g de pistaches décortiquées*
- *1 cuil. à soupe de quatre-épices*
- *1 cuil. à café de poivre vert du moulin*
- *5 baies de genièvre moulues*
- *1 cuil. à café de zeste d'orange râpé*
- *15 cl de fond de gibier*
- *5 cl de cognac*
- *2 cuil. à soupe d'huile*
- *sel, poivre noir*

Pour le moule : beurre

Pour la dorure : 1 jaune d'œuf

Pour la gelée :
- *4 feuilles de gélatine*
- *20 cl de fond de gibier*
- *15 cl de madère*

1. Coupez le filet de chevreuil dans sa longueur et détaillez-le en morceaux de 5 cm. Arrosez de cognac et laissez mariner 2 h à couvert.

2. Pétrissez tous les ingrédients de la pâte avec 10 ou 15 cl d'eau froide. Gardez 2 h au froid.

3. Taillez le cuissot de chevreuil et l'épaule de porc en petits dés. Parsemez ces viandes de l'ail, pelé et haché, des épices, du thym et du zeste d'orange. Entreposez au réfrigérateur.

4. Le temps de marinade achevé, épongez les filets de chevreuil et faites-les dorer rapidement à la poêle, dans l'huile. Retirez-les, salez et poivrez. Réservez. Jetez l'huile. À la place, faites revenir les échalotes pelées et hachées dans le beurre. Arrosez avec le cognac de la marinade et le fond de gibier. Laissez réduire la sauce d'un tiers, à feu moyen.

5. Hachez deux fois les viandes épicées. Hachez le lard une fois. Mettez le tout dans un saladier posé dans un bain-marie d'eau glacée. Ajoutez les œufs, la sauce réduite, mélangez et assaisonnez. Incorporez les pistaches et la truffe grossièrement hachées. Laissez la farce en attente. Préchauffez le four à 220 °C (th. 7).

6. Étalez deux tiers de la pâte en un grand rectangle de 4 mm d'épaisseur. Tapissez-en entièrement un moule beurré rectangulaire de 1,5 litre. Déposez-y un tiers de la farce et répartissez dessus la moitié des filets de chevreuil. Versez un autre tiers de farce, puis le reste des filets, enfin le reste de farce. Étalez le reste de pâte et recouvrez-en le pâté. Soudez les bords. Enduisez de jaune d'œuf délayé avec une cuillerée d'eau. Percez trois cheminées. Maintenez-les ouvertes avec de l'aluminium ménager roulé. Découpez dans les chutes de pâte des motifs décoratifs et collez-les sur le dessus. Badigeonnez-les au jaune d'œuf.

7. Enfournez à mi-hauteur, faites cuire à 220 °C pendant 10 mn, puis à 170 °C (th. 5) pendant 1 h. Laissez refroidir dans le four éteint. Mettez 6 h au réfrigérateur.

8. Puis, faites ramollir la gélatine dans de l'eau froide. Réchauffez le fond de gibier et faites-y dissoudre la gélatine. Ajoutez le madère. Versez cette gelée dans le pâté par les cheminées. Remettez 24 h au réfrigérateur.

Ce pâté raffiné se marie parfaitement avec des rondelles d'oranges pelées à vif.

PÂTÉ DE VOLAILLE

savoureux

Une portion contient environ : 460 kcal. Protides 19 g. Lipides 30 g. Glucides 28 g.

Pour 15 parts
Repos de la pâte : 2 h
Préparation : 45 mn
Cuisson : 1 h 25
Réfrigération : 24 h

Pour la pâte :
- *500 g de farine*
- *250 g de saindoux*
- *beurre*
- *1 jaune d'œuf*
- *sel*

Pour la garniture :
- *350 g de viande de poulet ou de dinde*
- *300 g de blancs de poulet ou de dinde*
- *300 g de foies de volaille*
- *200 g d'échine de porc*
- *200 g de lard frais*
- *1 citron non traité*
- *40 g de beurre*
- *10 cl de crème fraîche*
- *1/2 cuil. à café de macis moulu*
- *2 cuil. à soupe de madère*
- *3 cuil. à soupe de grains de poivre vert*
- *1 cuil. à café de quatre-épices*
- *1 pincée de piments de Cayenne*
- *sel, 1 cuil. à café de poivre blanc*

Pour le plan de travail : farine
Pour la terrine : beurre
Pour la dorure : 1 jaune d'œuf
Pour la gelée :
- *3 feuilles de gélatine*
- *20 cl de bouillon de viande*
- *10 cl de porto rouge*

1. Pétrissez rapidement tous les ingrédients de la pâte avec 10 ou 15 cl d'eau froide. Faites-en une boule et mettez-la pendant 2 h au réfrigérateur.

2. Taillez en dés la chair de poulet, la viande de porc et le lard. Hachez les viandes deux fois (grille fine) et le lard une fois. Assaisonnez de sel, de poivre et macis. Mettez au froid.

3. Faites fondre le beurre dans une poêle et saisissez les foies des deux côtés. Égouttez-les sur du papier absorbant, salez et poivrez. À leur place, faites revenir les blancs de poulet. Mélangez le hachis de viande avec la crème, le madère, les épices et le zeste du citron râpé. Assaisonnez généreusement. Préchauffez le four à 220 °C (th. 7).

4. Sur une surface farinée, étalez deux tiers de la pâte en un rectangle de 4 mm d'épaisseur. Tapissez-en un moule beurré rectangulaire de 1,5 litre de contenance. Étalez le reste de pâte sur 5 mm d'épaisseur pour couvrir la terrine.

5. Remplissez le moule avec un tiers de la farce en l'étirant sur les parois. Déposez dessus les blancs de volaille, puis une fine couche de farce, puis les foies, puis le reste de la farce. Tapez plusieurs fois sur la table pour chasser les bulles d'air. Posez le couvercle de pâte et soudez les bords en les pinçant.

6. Percez 2 cheminées de 1 cm de diamètre. Maintenez-les ouvertes avec de l'aluminium ménager ou du bristol roulés. Battez le jaune d'œuf avec 1 cuillerée d'eau et badigeonnez-en la pâte. Décorez avec les chutes de pâte badigeonnées elles aussi.

7. Enfournez à mi-hauteur, faites cuire 15 mn à 220 °C , recouvrez ensuite le pâté d'aluminium ménager et achevez la cuisson en 1 h à 170 °C (th. 5). Laissez refroidir la terrine hors du four, puis mettez-la au réfrigérateur.

8. Faites tremper la gélatine dans un bol d'eau froide. Faites chauffer le bouillon et faites-y dissoudre la gélatine égouttée. Ajoutez le porto. Lorsqu'elle est un peu refroidie, versez-la dans le pâté par les cheminées et laissez 24 h au réfrigérateur. Démoulez juste avant de servir.

Vous pouvez servir ce pâté de volaille avec une sauce Cumberland (p. 40), une sauce piquante à l'orange (p. 40), mais aussi des légumes ou des fruits aigre-doux.

PÂTÉ DE BROCHET AU SAUMON

raffiné

Une portion contient environ : 700 kcal. Protides 33 g. Lipides 47 g. Glucides 36 g.

Pour 12 personnes
Repos de la pâte : 2 h
Préparation : 1 h
Cuisson : 1 h 15
Réfrigération : 12 h

Pour la pâte :
- *500 g de farine*
- *250 g de saindoux*
- *1 jaune d'œuf*
- *sel*

Pour la garniture :
- *800 g de filets de brochet*
- *800 g de filets de saumon sans la peau*
- *1 1/2 cuil. à café de jus de citron*
- *75 cl de crème fraîche*
- *6 blancs d'œufs*
- *40 g de truffe noire (en conserve)*
- *1 pincée de piment de Cayenne*
- *sel, poivre blanc*

Pour le plan de travail : farine
Pour le moule : beurre
Pour la dorure : 1 jaune d'œuf
Pour la gelée :
- *3 feuilles de gélatine*
- *30 cl de fumet de poisson*

1. Préparez la pâte avec tous les ingrédients et 10 à 15 cl d'eau froide. Laissez-la 2 h au réfrigérateur. Ôtez les arêtes du brochet, coupez-le en morceaux et réduisez-le en purée dans un saladier. Placez celui-ci dans un bac rempli de glaçons. Incorporez blancs d'œufs, épices et jus de citron. Mettez au froid.

2. Étalez la pâte sur 4 mm d'épaisseur. Posez au centre un moule de 1,5 litre de contenance et faites-le basculer de tous les côtés pour en marquer les dimensions. Découpez la pâte et tapissez-en le moule beurré. Incorporez peu à peu la crème à la farce de brochet, puis la truffe coupée en petits dés. Assaisonnez.

3. Coupez le saumon en morceaux de 2 x 4 cm. Salez-le légèrement. Versez un tiers de la farce dans le moule. Déposez dessus la moitié du saumon, puis un tiers de la farce, puis le reste du saumon, enfin le reste de la farce. Lissez-la. Préchauffez le four à 170 °C (th. 5).

4. Étalez le reste de la pâte et recouvrez-en la garniture. Soudez bien les bords. Coupez les morceaux qui dépassent. Badigeonnez le dessus avec le jaune d'œuf délayé dans une cuillerée d'eau.

5. Avec un emporte-pièce, découpez des motifs décoratifs dans les chutes de pâte et collez-les sur le dessus du pâté. Badigeonnez-les aussi au jaune d'œuf.

6. Percez 3 cheminées, maintenez-les ouvertes avec de l'aluminium ménager roulé. Mettez le pâté au four à mi-hauteur, à 170 °C, pendant 1 h 15. S'il dore trop vite, recouvrez-le d'aluminium ménager après 30 mn de cuisson. Laissez refroidir encore 30 mn après la cuisson, dans le four éteint.

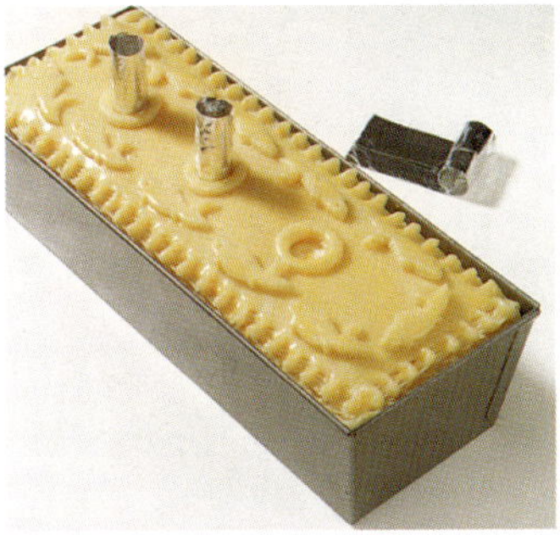

7. Gardez le pâté 8 h au réfrigérateur. Puis, faites ramollir la gélatine dans de l'eau froide. Faites chauffer le fumet de poisson et faites-y dissoudre la gélatine égouttée. Versez-la dans le pâté par les cheminées.

8. Remettez au froid 4 h. Au moment de servir, démoulez le pâté avec précaution. Eventuellement, servez-le avec une mayonnaise parfumée à l'aneth.

VARIANTE

Vous pouvez réaliser un pâté meilleur marché en remplaçant le brochet par de la truite, le saumon par de la truite saumonée et les truffes par des petits morceaux de champignons ou des olives noires.

CONSEIL !

Ci contre, vous pouvez voir des « cheminées » confectionnées dans de l'aluminium ménager. Elles permettent à la vapeur de s'échapper en cours de cuisson. On trouve également des cheminées dans le commerce, mais cet achat n'est pas indispensable. En revanche, la pince à « chiqueter » permet de bien pincer la pâte et de faire en même temps une jolie décoration.

PÂTÉ DE VEAU SAUCE AU RAISIN

convivial

Une portion contient environ : 530 kcal. Protides 24 g. Lipides 29 g. Glucides 43 g.

Pour 6 ou 8 personnes
Préparation : 1 h
Cuisson : 1 h 40
Repos de la pâte : 2 h

Pour la pâte :
- *300 g de farine*
- *150 g de beurre*
- *7 cl de lait*
- *sel*

Pour la garniture :
- *800 g de veau maigre*
- *1 branche de céleri*
- *1 carotte*
- *1 oignon*
- *1 bouquet de persil plat*
- *1 œuf*
- *2 cuil. à soupe de crème liquide*
- *2 cuil. à soupe de farine*
- *1 pincée de muscade râpée*
- *2 ou 3 giclées de sauce Worcestershire*
- *15 cl de vin blanc*
- *4 cuil. à soupe d'huile d'olive*
- *sel, poivre blanc du moulin*

Pour la plaque : beurre
Pour le plan de travail : farine
Pour la dorure : 1 jaune d'œuf

Pour la sauce :
- *350 g de raisin blanc*
- *1 cuil. à soupe de crème liquide*
- *5 cl de marsala*
- *2 cl de grappa (eau-de-vie)*
- *sel, poivre blanc du moulin*

1. Pétrissez tous les ingrédients de la pâte en une masse souple. Laissez-la 2 h au réfrigérateur.

2. Préchauffez le four à 200 °C (th. 6). Taillez la viande de veau en dés et passez-les au hachoir, grille fine. Parfumez généreusement de sel, poivre, muscade, persil haché et sauce Worcestershire. Ajoutez l'œuf et la crème. Façonnez ce hachis en un long rouleau et farinez-le.

3. Faites chauffer 2 cuillerées à soupe d'huile dans une poêle et saisissez-y le rouleau de viande, à feu vif. Déposez-le dans un plat à four avec le reste d'huile et enfournez à mi-hauteur. Faites cuire 50 mn à 200 °C, en retournant de temps à autre.

4. Pelez et coupez l'oignon en quatre. Épluchez et coupez la carotte en gros dés. Coupez le céleri en tronçons. Après 15 mn de cuisson, ajoutez ces légumes à la viande et arrosez de vin blanc. Après la cuisson, laissez tout refroidir avant de sortir la viande. Filtrez le jus de cuisson au-dessus d'une casserole.

5. Beurrez la plaque du four. Sur une surface farinée, étalez la pâte de façon que le rouleau de viande tienne dedans, puis posez la viande dessus (sans les légumes) et enveloppez-la soigneusement. Enduisez la pâte avec le jaune d'œuf battu avec 1 cuillerée d'eau. Décorez avec des chutes de pâte, enduisez de jaune d'œuf. Placez le pâté « couture » dessous sur la plaque et enfournez à mi-hauteur à 200 °C, pendant 30 mn.

6. Pendant ce temps, préparez la sauce. Faites cuire le raisin blanc 5 mn dans de l'eau frémissante. Égouttez-le, fendez les grains en deux et épépinez-les.

7. Amenez le liquide de cuisson du raisin à ébullition, versez le marsala et la grappa. Laissez frémir 5 mn. Salez et poivrez, ajoutez les grains de raisin et faites réchauffer 1 ou 2 mn.

8. Servez ce pâté coupé en tranches sur un plat chaud et présentez la sauce dans une saucière, à part.

Un pâté de veau pour fins gourmets, accompagné d'une sauce subtile au marsala (vin doux de Sicile) et à la grappa (eau-de-vie de raisin italienne).

VITE
GRAPPA
ANNATA
1974

TOURTE À LA VIANDE HACHÉE

familial

Une portion contient environ : 670 kcal. Protides 27 g. Lipides 50 g. Glucides 28 g.

Pour 8 personnes
Repos de la pâte : 1 h
Préparation : 45 mn
Cuisson : 1 h 10

Pour la pâte :
- *250 g de farine*
- *250 g de beurre froid*
- *250 g de fromage blanc maigre*
- *1 cuil. à café de sel*

Pour la farce :
- *800 g d'un mélange de viandes hachées*
- *1 poivron vert ou rouge (100 g)*
- *2 tomates (150 g)*
- *1 oignon*
- *2 gousses d'ail*
- *2 cuil. à soupe de paprika doux*
- *1 cuil. à soupe de sauce Worcestershire*
- *5 ou 6 giclées de Tabasco*
- *2 cuil. à soupe d'huile*
- *sel, poivre noir du moulin*

Pour le plan de travail : farine
Pour le moule : beurre
Pour la dorure : 1 jaune d'œuf

1. Préparez la pâte. Travaillez ensemble le beurre détaillé en copeaux, le fromage, la farine et le sel. Laissez reposer pendant 1 h au réfrigérateur.

2. Préparez la farce. Pelez et hachez l'oignon, épluchez et hachez l'ail. Faites chauffer l'huile dans une poêle et faites-y blondir l'oignon et l'ail. Ajoutez ensuite les viandes et faites cuire 10 mn à feu vif en ayant soin de remuer constamment, jusqu'à ce qu'elles deviennent grises.

3. Lavez, épépinez le poivron et détaillez-le en petits dés. Ébouillantez les tomates, pelez-les et épépinez-les, puis coupez-les en gros dés. Ajoutez ces légumes à la viande ainsi que toutes les épices. Poursuivez la cuisson à feu moyen 5 ou 10 mn. Laissez refroidir.

4. Préchauffez le four à 170 °C (th. 5). Sur une surface farinée, étalez deux tiers de la pâte de façon à former un disque de 32 cm de diamètre. Tapissez un moule à tarte beurré de 28 cm de diamètre. Répartissez la farce dessus régulièrement. Étalez le reste de la pâte en un disque et posez-le sur la garniture.

5. Avec une fourchette, soudez les bords de la tourte. Faites une cheminée au centre, maintenez-la ouverte avec de l'aluminium ménager ou du bristol roulés. Décorez avec les chutes de pâte et badigeonnez avec le jaune d'œuf délayé avec une cuillerée d'eau.

6. Enfournez à mi-hauteur et faites cuire 45 mn à 170 °C. Si la tourte dore trop vite, recouvrez-la d'une feuille d'aluminium ménager. Servez chaud.

VARIANTE

Vous pouvez modifier la garniture de cette tourte de mille et une façons. Cuisinez par exemple des dés de courgettes, d'aubergines et de tomates avec des épices et des aromates.
Ou bien confectionnez une farce avec une goulasch d'agneau mélangée à des pommes de terre et des haricots verts, ou encore avec des morceaux de poulet et des salsifis.

Cette tourte à la viande hachée n'est pas seulement jolie à voir, elle est aussi savoureuse. Sa préparation ne présente aucune difficulté.

TERRINE DE FOIE DE CANARD

savoureux

Une portion contient environ : 540 kcal. Protides 13 g. Lipides 52 g. Glucides 5 g.

Pour 6 personnes
Trempage : 4 h
Préparation : 25 mn
Cuisson : 35 mn
Réfrigération : 12 h

- *250 g de foie de canard ou d'oie*
- *1 cuil. à café de zeste d'orange râpé*
- *1 œuf*
- *25 cl de lait*
- *250 g de beurre*
- *25 cl de crème fleurette*
- *1 cuil. à café de marjolaine séchée*
- *2 cuil. à soupe de porto rouge*
- *sel, poivre blanc*

1. Débarrassez le foie des canaux et des petites peaux, mettez-le à tremper dans le lait et laissez-le 4 h au réfrigérateur. Ensuite, épongez-le et détaillez-le en petits dés. Jetez le lait. Préchauffez le four à 150 °C (th. 4).

2. Mêlez beurre fondu (chaud) et crème. Réduisez le foie en purée, tamisez celle-ci au-dessus d'une jatte. Assaisonnez avec sel, poivre, zeste d'orange, marjolaine et porto. Ajoutez l'œuf et le mélange tiède beurre-crème. Déposez le tout dans une terrine de 1 litre, fermez bien celle-ci avec un couvercle ou de l'aluminium.

3. Placez la terrine à mi-hauteur du four dans la lèchefrite remplie d'eau chaude. Faites cuire 35 mn à 150 °C. Conservez 10 mn dans le four éteint, puis laissez refroidir à température ambiante. Gardez 2 h au réfrigérateur.

TERRINE DE GIBIER

pour recevoir

Une portion contient environ : 325 kcal. Protides 12 g. Lipides 29 g. Glucides 4 g.

Pour 15 parts
Préparation : 45 mn
Cuisson : 1 h 15
Réfrigération : 12 h

- *400 g de viande de gibier maigre sans gras, ni os, ni nerfs*
- *200 g d'épaule de porc*
- *200 g de lard frais*
- *200 g de foie de lièvre ou de chevreuil (foie de veau à défaut)*
- *le zeste râpé de 1 citron non traité*
- *2 tranches de pain de mie*
- *20 g de beurre*
- *30 cl de crème fraîche*
- *gingembre, piment et genièvre moulus (1/2 cuil. à café de chaque)*
- *2 pincées de girofle*
- *2 cuil. à soupe de porto rouge*
- *2 cuil. à soupe d'eau-de-vie*
- *sel, 1 cuil. à café de poivre noir*

Pour le moule : 300 à 400 g de bardes de lard fraîches

1. Faites ramollir le pain de mie dans 6 cuillerées à soupe de crème. Taillez les viandes et lard en dés, passez-les séparément au hachoir (grille fine). Ajoutez toutes les épices, mélangez. Mettez au froid.

2. Débarrassez le foie des petites peaux, débitez-le. Faites revenir un instant, au beurre, les morceaux de foie. Salez, poivrez hors de la poêle et arrosez de porto. Préchauffez le four à 170 °C (th. 5).

3. Incorporez au hachis de viande le reste de la crème, le pain de mie émietté et l'eau-de-vie. Assaisonnez généreusement.

4. Tapissez une terrine de 1,5 litre avec les bardes de lard. Versez-y la moitié de la préparation, disposez dessus les morceaux de foie. Couvrez avec le reste de la farce. Rabattez les bardes. Glissez la lèchefrite à mi-hauteur du four, remplie d'eau chaude aux deux tiers. Placez-y la terrine et faites cuire 1 h 15 à 170 °C. Laissez refroidir dans le four, puis gardez 12 h au réfrigérateur.

Au premier plan : terrine de foie de canard.
À l'arrière-plan : terrine de gibier.

TERRINE DE VOLAILLE

riche

Une portion contient environ : 490 kcal. Protides 25 g. Lipides 43 g. Glucides 1 g.

Pour 12 parts
Préparation : 1 h
Cuisson : 1 h 30
Réfrigération : 12 h

- *500 g de viande de volaille (cuisses ou blancs, sans os ni tendons)*
- *300 g d'épaule de porc maigre*
- *1 blanc de poulet (300 g)*
- *300 g de lard (sans la couenne)*
- *400 g de champignons de Paris*
- *2 œufs*
- *60 g de beurre*
- *20 cl de crème fleurette*
- *1 cuil. à café de piment en poudre*
- *1 pincée de noix muscade fraîchement râpée*
- *1 pincée de piment de Cayenne*
- *sel, poivre blanc du moulin*

Pour le moule : 400 g de bardes de lard

1. Coupez la viande de volaille, le lard ainsi que la viande de porc en petits dés et poudrez-les avec les épices. Entreposez-les ensuite au réfrigérateur.

2. Nettoyez et lavez les champignons, puis hachez-les grossièrement. Faites chauffer 40 g de beurre dans une sauteuse et faites cuire les champignons jusqu'à ce que l'eau rendue soit évaporée. Retirez-les de la poêle, salez et poivrez.

3. Coupez le blanc de poulet en deux dans sa longueur. Faites chauffer le reste du beurre dans la sauteuse et faites-y dorer le poulet des deux côtés à feu moyen. L'intérieur doit rester légèrement rosé. Mettez de côté.

4. Préchauffez le four à 150 °C (th. 4).

5. Passez la viande coupée en dés au hachoir (grille fine) et mélangez le hachis obtenu avec les œufs, la crème et les champignons bien égouttés. Assaisonnez à nouveau généreusement.

6. Tapissez un moule rectangulaire de 1,5 litre de contenance de bardes de lard et versez-y la moitié de la farce. Faites un petit creux au milieu et déposez-y les blancs côte à côte. Couvrez avec le reste de la farce. Rabattez les bardes.

7. Fermez bien soigneusement le moule avec de l'aluminium ménager. Glissez la lèchefrite à mi-hauteur dans le four et remplissez-la d'eau chaude aux deux tiers. Posez-y la terrine et faites-la cuire pendant 1 h 15 à 150 °C. Laissez-la encore 15 ou 20 mn dans le four éteint, puis sortez-la. Laissez complètement refroidir la terrine à température ambiante, avant de la mettre pendant 12 h au réfrigérateur. Coupez-la en tranches juste avant de servir en laissant les bardes de lard.

CONSEIL !

Le lard que l'on utilise pour les terrines est du lard frais, c'est-à-dire non fumé. Pour les bardes, le lard est toujours coupé en tranches très minces d'environ 25 cm x 10 cm. Cela permet de bien envelopper la farce.

Cette terrine de volaille aux champignons s'accompagne volontiers d'une salade mélangée. On peut aussi la servir avec une sauce froide classique comme la sauce Cumberland (p. 40).

TERRINE AUX TROIS VIANDES

relevé

Une portion contient environ :
300 kcal. Protides 12 g.
Lipides 27 g. Glucides 2 g.

Pour 15 parts

Marinade : 1 h

Préparation : 45 mn - Cuisson : 1 h 30

Réfrigération : 24 h

- *300 g d'épaule de porc*
- *300 g de foie de veau*
- *300 g de viande de bœuf maigre*
- *250 g de lard gras*
- *1 petite carotte*
- *50 g de poireau*
- *2 oignons*
- *4 gousses d'ail*
- *le zeste râpé de 1/2 citron non traité*
- *1 œuf*
- *1 cuil. à soupe de thym émietté*
- *1 branche de romarin*
- *4 feuilles de laurier*
- *1 cuil. à café de quatre-épices*
- *4 cuil. à soupe d'eau-de-vie de grain ou de fruits*
- *piment de Cayenne*
- *sel, poivre blanc*

Pour le moule : 400 g de bardes de lard

1. Dans un saladier, mélangez la moitié de la viande de porc, du foie et du lard coupés en petits dés, avec l'eau-de-vie, le thym, 2 feuilles de laurier et le zeste de citron. Couvrez et mettez 1 h au froid.

2. Faites chauffer un peu d'eau salée. Plongez 30 secondes dans l'eau frémissante la carotte épluchée et coupée en petits dés, et le poireau découpé en anneaux fins et lavé. Passez sous l'eau froide et égouttez.

3. Hachez le reste des viandes et le bœuf. Incorporez à ce hachis les oignons ainsi que l'ail, pelés et hachés fin, puis l'œuf, la carotte, le poireau, les épices et le jus de citron. Mélangez bien et assaisonnez. Ajoutez la viande de la marinade, sans le laurier.

4. Préchauffez le four à 170 °C (th. 5).

5. Tapissez un moule rectangulaire de 1,5 litre avec les bardes de lard. Étalez la farce, lissez bien et rabattez les bardes. Déposez dessus les feuilles de laurier restantes et le romarin.

6. Fermez le moule avec de l'aluminium ménager, placez-le dans la lèchefrite du four remplie aux deux tiers d'eau chaude. Enfournez et faites cuire 1 h 30 à 170 °C. Laissez complètement refroidir. Entreposez 24 h au réfrigérateur.

Les accompagnements

Presque toutes les terrines se marient très bien avec des sauces fruitées.
Voici deux suggestions.

Sauce Cumberland

Pour 15 portions : prélevez finement les zestes de 1 orange et de 1 citron non traités. Coupez en très fines lanières. Faites blanchir 5 mn à feu moyen dans un peu d'eau bouillante, et égouttez. Délayez 200 g de gelée de groseille avec 1 à 2 cuillerées à café de moutarde forte, 2 cuillerées à soupe de vin rouge et 1 cuillerée à soupe de vinaigre de vin rouge. Salez, poivrez. Ajoutez les zestes.

♦ Cette sauce célèbre accompagne délicieusement pâtés et terrines de volaille et de viande, et surtout le gibier.

Sauce piquante à l'orange

Pour 15 portions : mélangez 400 g de marmelade d'oranges, 3 cuillerées à soupe de vin rouge ou de jus d'orange, 2 cuillerées à soupe de moutarde forte, du sel et 1 cuillerée à café de poivre noir.

♦ Cette sauce convient particulièrement aux pâtés et terrines de canard.

Sur l'assiette : terrine aux trois viandes et sauce Cumberland. Dans la coupelle : sauce piquante à l'orange.

TERRINE DE TRUITE

élégant

Une portion contient environ : 150 kcal. Protides 14 g. Lipides 10 g. Glucides 1 g.

Pour 10 personnes
Préparation : 40 mn
Cuisson : 50 mn
Réfrigération : 6 h

- *350 g de filets de truite sans la peau*
- *300 g de filet de truite saumonée sans la peau*
- *100 g de feuilles d'épinards frais, si possible grandes*
- *2 blancs d'œufs*
- *25 cl de crème fleurette*
- *sel, poivre blanc du moulin*

Pour le moule : film alimentaire ou papier de cuisson

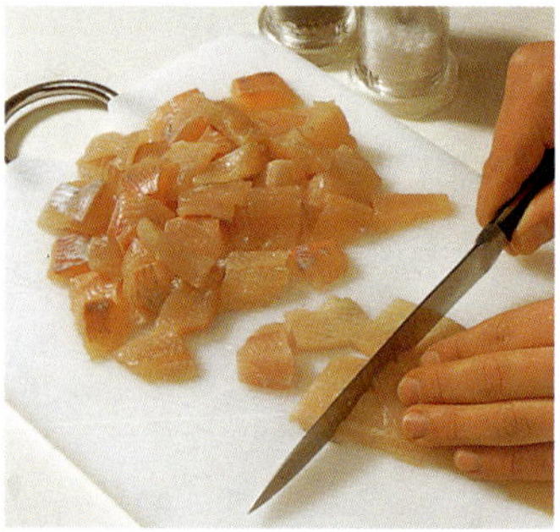

1. Tapissez une terrine de 1,5 litre de contenance de film alimentaire. Portez à ébullition une grande quantité d'eau. Coupez les filets de truite en gros dés. Salez-les, poivrez-les et mettez-les au froid. Lavez les épinards et faites-les blanchir 1 mn dans l'eau frémissante, égouttez-les et étalez les feuilles à plat.

2. Réduisez en purée les morceaux de truite avec les blancs d'œufs, incorporez la crème, salez et poivrez. Préchauffez le four à 150 °C (th. 4) et portez à ébullition 2 litres d'eau. Salez légèrement le filet de truite saumonée et enveloppez-le dans les feuilles d'épinards.

3. Versez un tiers de la farce dans la terrine, déposez dessus le filet enveloppé dans les épinards, couvrez avec le reste de la farce et lissez la surface. Tapez plusieurs fois le moule sur la table pour bien tasser la préparation. Rabattez le film alimentaire et fermez hermétiquement.

4. Placez la terrine dans un plat, rempli de 2 litres d'eau chaude, allant au four. Enfournez à mi-hauteur et faites cuire 50 mn à 150 °C. Laissez refroidir la terrine hors du four, puis laissez-la 6 h au réfrigérateur. Démoulez-la au moment de servir et retirez le film alimentaire.

TERRINE DE POISSON AUX HERBES

délicat

Une portion contient environ : 210 kcal. Protides 25 g. Lipides 12 g. Glucides 1 g.

Pour 12 parts
Préparation : 40 mn
Cuisson : 1 h 15
Réfrigération : 6 h

- *800 g de filets de brochet ou de merlan*
- *700 g de filets de poisson blanc (sole ou limande-sole, sans la peau)*
- *40 cl de crème fleurette*
- *1 bouquet de persil*
- *1 bouquet d'aneth*
- *1/2 bouquet de cerfeuil*
- *5 blancs d'œufs*
- *sel, poivre blanc du moulin*

Pour le moule : aluminium ménager et beurre ramolli

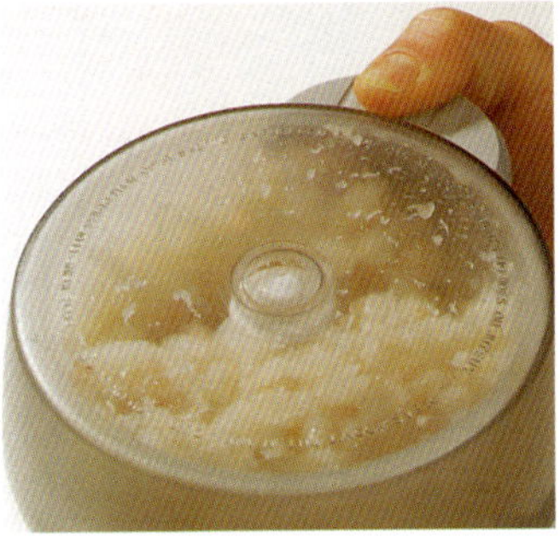

1. Débarrassez les filets de brochet ou de merlan de toutes leurs arêtes, puis hachez-les par petites portions pour obtenir une purée fine. Déposez cette purée dans un saladier préalablement refroidi et mettez-la au réfrigérateur.

2. Lavez et hachez les fines herbes. Incorporez-les, ainsi que les blancs d'œufs et la crème, à la purée de poisson. Assaisonnez généreusement. Préchauffez le four à 150 °C (th. 4). Tapissez un moule rectangulaire de 1,5 litre de contenance d'aluminium ménager et enduisez de beurre le fond et les parois latérales.

3. Séchez légèrement les autres filets de poisson entre 2 feuilles de papier absorbant, salez-les et poivrez-les. Disposez la moitié des filets dans le fond du moule, répartissez la farce dessus, puis couvrez avec les filets restants. Rabattez l'aluminium et fermez hermétiquement. Placez le moule dans un plat à four.

4. Versez de l'eau chaude dans le plat jusqu'aux deux tiers du moule, enfournez à mi-hauteur et faites cuire 1 h 15 à 150 °C. Si du liquide se forme pendant la cuisson, jetez-le. Laissez refroidir la terrine à couvert. Gardez-la 6 h au réfrigérateur avant de servir.

TERRINE DE LAPIN AUX MIRABELLES

subtil

Une portion contient environ : 560 kcal. Protides 37 g. Lipides 43 g. Glucides 5 g.

Pour 12 parts
Préparation : 1 h
Cuisson : 2 h 15
Réfrigération : 24 h

- *1 lapin de 2,5 kg prêt à cuire*
- *400 g d'os de veau*
- *300 g d'épaule de porc*
- *300 g de lard gras*
- *300 g de foie de lapin (à défaut, de foie de veau)*
- *2 carottes, 1 oignon*
- *200 g de mirabelles (au naturel, en bocal)*
- *2 œufs*
- *40 g de beurre*
- *2 branches de thym*
- *3 feuilles de laurier*
- *1 branche de romarin*
- *1 cuil. à café de piment en poudre*
- *1 cuil. à soupe de baies roses*
- *2 cuil. à soupe d'eau-de-vie de mirabelle*
- *2 cuil. à soupe d'huile*
- *1 cuil. à café de poivre blanc du moulin*
- *sel*

Pour le moule : 300 g de bardes de lard

1. Mettez de côté les filets du râble du lapin, coupez le reste de la chair et les cuisses en petits morceaux, mettez-les dans un saladier et placez au réfrigérateur. Lavez et séchez les os du lapin et les os de veau.

2. Taillez l'épaule de porc et le lard en petits dés, ajoutez-les au lapin. Salez, ajoutez le poivre, le piment et l'eau-de-vie, couvrez et replacez au réfrigérateur.

3. Nettoyez les carottes, coupez-les grossièrement. Pelez l'oignon et coupez-le en quatre. Faites chauffer l'huile dans une grande casserole. Faites-y revenir les os de tous côtés avec les carottes et l'oignon, arrosez avec 1 litre d'eau froide ; ajoutez 1 branche de thym et 1 feuille de laurier. Laissez mijoter 1 h à découvert. Filtrez le bouillon, puis faites-le réduire à 20 cl.

4. Préchauffez le four à 150 °C (th. 4).

5. Faites fondre le beurre dans une poêle. Faites-y cuire rapidement des deux côtés les filets de lapin et le foie, salez et mettez de côté.

6. Égouttez soigneusement les mirabelles. Hachez deux fois les dés de viande marinés. Mettez le tout dans un saladier préalablement refroidi et assaisonnez à nouveau généreusement. Incorporez à ce hachis les œufs, les baies et les mirabelles.

7. Tapissez avec les bardes de lard un moule rectangulaire de 1,5 litre de contenance et remplissez-le avec la moitié de la farce. Déposez dessus les filets et le foie et couvrez avec le reste de la farce. Lissez bien avant de rabattre les bardes. Posez dessus le reste de laurier et de thym et le romarin.

8. Glissez la lèchefrite dans le four à mi-hauteur et remplissez-la d'eau chaude aux deux tiers, placez-y la terrine et faites cuire 1 h 15 à 150 °C. Laissez refroidir complètement la terrine à température ambiante et mettez-la 24 h au réfrigérateur avant de servir.

CONSEIL !

Vous pouvez servir cette terrine avec une gelée à la mirabelle : pour cela, faites chauffer 30 cl de bouillon de volaille avec 3 cl d'eau-de-vie de mirabelle. Faites-y dissoudre 4 feuilles de gélatine préalablement ramollies dans un bol d'eau froide. Versez le liquide dans un moule rectangulaire et laissez prendre. Juste avant de servir, coupez la gelée en petits dés.

Cette terrine de lapin aux mirabelles est encore plus appétissante lorsqu'on la présente avec des dés de gelée. Nous vous en indiquons la recette dans le conseil.

TERRINE DE FOIES DE VOLAILLE

consistant

Une portion contient environ : 230 kcal. Protides 14 g. Lipides 18 g. Glucides 2 g.

Pour 10 parts
Marinade : 3 h
Préparation : 40 mn
Cuisson : 1 h 15
Réfrigération : 12 h

- *350 g de foies de volaille (de poulet ou de dinde)*
- *150 g de foie de veau*
- *150 g de lard frais sans la couenne*
- *150 g de lard gras*
- *2 échalotes*
- *1 œuf*
- *3 cuil. à soupe de crème fraîche*
- *1 feuille de laurier*
- *2 feuilles de sauge*
- *25 g de pistaches décortiquées*
- *1/2 cuil. à café de muscade râpée*
- *1 pincée de girofle*
- *1/2 cuil. à café du zeste râpé d'un citron non traité*
- *2 cuil. à soupe d'eau-de-vie*
- *5 cuil. à soupe de porto rouge*
- *2 cuil. à soupe d'huile d'olive*
- *sel, poivre blanc*

Pour le moule : beurre et aluminium ménager

1. Nettoyez les foies et mettez-les dans un saladier. Ajoutez le lard frais et le lard gras taillés en morceaux, puis les échalotes hachées, enfin le laurier, la sauge, le zeste de citron, l'eau-de-vie, le porto, et sel, poivre, muscade, girofle. Mélangez. Couvrez. Laissez mariner 3 h au réfrigérateur.

2. Faites rapidement revenir dans l'huile la moitié des foies, des deux côtés. Épongez-les. Salez et poivrez. Préchauffez le four à 150 °C. (th. 4).

3. Retirez le laurier et la sauge de la marinade. Retirez aussi le lard et le reste des foies et passez-les deux fois au hachoir, grille fine. Mélangez ce hachis avec les pistaches concassées, la crème, l'œuf et la marinade.

4. Beurrez un moule rectangulaire de 1 litre et remplissez-le avec la moitié de la farce. Déposez dessus les foies cuits, puis le reste de la farce. Fermez bien le moule avec de l'aluminium ménager. Glissez la lèchefrite à mi-hauteur dans le four, remplissez-la d'eau chaude aux deux tiers. Placez-y la terrine. Faites-la cuire 1 h 15 à 150 °C.

5. Posez sur la terrine une planchette surmontée d'un poids et laissez-la refroidir à température ambiante. Ôtez ce couvercle avant de mettre la terrine pendant 12 h au réfrigérateur.

♦ Servez cette terrine de foies de volaille avec les prunes au vinaigre.

PRUNES AU VINAIGRE

aigre-doux

Une portion contient environ : 65 kcal. Protides 0 g. Lipides 0 g. Glucides 16 g.

Pour 12 à 15 personnes
Préparation et cuisson : 30 mn

- *1 kg de prunes mûres*
- *150 g de sucre*
- *1/2 bâton de cannelle*
- *6 clous de girofle*
- *50 cl de vinaigre de vin rouge*

1. Lavez les prunes, fendez-les en deux et dénoyautez-les. Dans une casserole, portez à ébullition le vinaigre avec le sucre, ajoutez les clous de girofle et la cannelle, laissez frémir 5 mn à feu moyen. Ajoutez les prunes, portez à nouveau à ébullition.

2. Prélevez les fruits avec une écumoire, mettez-les dans des bocaux. Faites réduire le jus de cuisson d'un tiers. Laissez refroidir.

3. Versez le jus sur les prunes et fermez les bocaux hermétiquement. Ces prunes se conservent 3 ou 4 semaines. Elles accompagnent délicieusement viandes rôties, pâtés et assiettes froides.

Un mariage de saveurs réussi : une terrine de foies de volaille avec des prunes au vinaigre.

MOUSSE DE CREVETTES ROSES

distingué

Une portion contient environ :
80 kcal. Protides 10 g.
Lipides 4 g. Glucides 1 g.

Pour 16 parts
Préparation et cuisson : 1 h
Réfrigération : 6 h 30

- *700 g de crevettes cuites décortiquées*
- *1/2 tomate*
- *16 feuilles de persil plat*
- *1 ou 2 cuil. à soupe de jus de citron*
- *15 cl de crème fleurette*
- *50 cl de fumet de poisson*
- *12 feuilles de gélatine*
- *sel, poivre blanc*

1. Faites ramollir séparément 2 et 10 feuilles de gélatine dans de l'eau froide. Mettez de côté 16 crevettes, réduisez le reste en purée avec 30 cl de fumet. Assaisonnez.

2. Faites dissoudre les 2 feuilles de gélatine dans 10 cl de fumet de poisson chauffé. Versez la moitié de la gélatine dans un moule de 1,25 litre, faites presque prendre au réfrigérateur. Faites dissoudre les 10 autres feuilles dans le reste de fumet. Mélangez avec la purée de crevettes, puis avec la crème. Assaisonnez de sel, poivre et jus de citron.

3. Coupez la tomate en 16 lanières épépinées. Disposez au fond du moule, les crevettes réservées, les lanières de tomate et les feuilles de persil. Versez le reste de la gelée. Mettez au froid pendant environ 30 mn.

4. Une fois la gelée prise, déposez dessus la mousse de crevettes. Fermez le moule avec du film alimentaire. Laissez prendre 6 h au réfrigérateur.

ASPIC DE CREVETTES ROSES

décoratif

Une portion contient environ :
75 kcal. Protides 15 g.
Lipides 1 g. Glucides 1 g.

Pour 6 personnes
Préparation et cuisson : 1 h
Réfrigération : 6 h

- *300 g de crevettes cuites décortiquées*
- *quelques crevettes entières*
- *4 mini-concombres*
- *2 échalotes*
- *quelques brins d'aneth*
- *1/2 cuil. à soupe de jus de citron*
- *30 cl de fumet de poisson*
- *5 feuilles de gélatine*
- *sel, poivre blanc*

1. Faites ramollir la gélatine dans de l'eau froide. Amenez à ébullition le fumet de poisson avec 70 cl d'eau. Faites dissoudre la gélatine égouttée dans le liquide non bouillant. Ajoutez 3 concombres pelés et coupés en petits dés, les échalotes râpées et le jus de citron. Salez, poivrez.

2. Débitez le dernier concombre en rondelles de 2 mm d'épaisseur. Versez la gelée dans un moule semi-sphérique de 1,5 litre, à hauteur de 1 cm. Faites prendre au réfrigérateur. Déposez au centre 1 brin d'aneth et 1 rondelle de concombre. Disposez les crevettes autour. Couvrez de gelée. Répartissez le reste de concombre sur les parois du moule. Versez de la gelée. Superposez le reste des crevettes, couvrez de gelée. Fermez le moule avec du film alimentaire. Laissez 6 h au réfrigérateur.

3. Démoulez sur un plat. Disposez les crevettes entières autour, avec des rondelles de concombre et des brins d'aneth.

En haut : mousse de crevettes roses.
En bas : aspic de crevettes roses.

POISSON EN GELÉE

pour recevoir

Une portion contient environ : 100 kcal. Protides 18 g. Lipides 3 g. Glucides 0 g.

Pour 10 parts
Préparation : 1 h
Cuisson : 15 mn
Réfrigération : 8 h

- *700 g de filets de poisson blanc (turbot ou sole)*
- *100 g de crevettes cuites décortiquées*
- *1 de carotte (50 g)*
- *6 ou 8 pointes d'aneth*
- *3 œufs durs*
- *1 litre de bouillon de poisson bien aromatisé*
- *2 ou 3 cuil. à soupe d'œufs de lump noirs*
- *6 ou 8 pointes d'aneth*
- *14 feuilles de gélatine*
- *sel*

1. Faites ramollir la gélatine dans un bol d'eau froide. Filtrez le bouillon de poisson, faites-y cuire 5 à 6 mn le poisson coupé en morceaux. Retirez-le et égouttez-le. Faites cuire la carotte coupée en rondelles dans le bouillon chaud. Égouttez. Puis, dissolvez la gélatine dans le bouillon. Coupez les œufs en rondelles.

2. Dans un moule rectangulaire de 2 litres, versez 5 mm de bouillon. Mettez 15 mn au réfrigérateur. Sortez le moule et déposez au fond les cuillerées d'œufs de lump les unes à côté des autres. Placez 1 brin d'aneth près de chacune et couvrez avec une rondelle d'œuf. Éparpillez la carotte. Recouvrez avec un peu de bouillon. Remettez au froid.

3. Une fois la gelée presque prise, versez une nouvelle couche de bouillon, disposez en couches 8 ou 10 crevettes et 2 ou 3 morceaux de poisson. Arrosez de court-bouillon, faites presque prendre. Procédez ainsi jusqu'à épuisement des ingrédients. Terminez par une couche de gelée. Couvrez le moule. Laissez 8 h au frais.

ASPIC DE CHAMPIGNONS

végétarien

Une portion contient environ : 150 kcal. Protides 10 g. Lipides 8 g. Glucides 8 g.

Pour 6 ramequins
Préparation : 50 mn
Réfrigération : 4 h

- *500 g de petits champignons de Paris*
- *1 carotte d'environ 100 g*
- *2 cuil. à soupe de jus de citron*
- *100 g de petits pois fins en boîte*
- *1 sachet et demi de gelée instantanée au madère*
- *quelques gouttes de Tabasco*
- *4 cuil. à soupe de vinaigre balsamique*
- *6 cuil. à soupe d'huile d'olive*
- *1 pincée de sucre*
- *sel, poivre blanc*

Pour les ramequins : film alimentaire

1. Nettoyez et coupez la carotte en petits dés. Faites-la cuire 1 mn avec le sucre dans de l'eau bouillante salée. Égouttez.

2. Nettoyez et lavez les champignons, puis coupez-les en fines lamelles. Arrosez-les de jus de citron. Faites-les revenir rapidement dans l'huile très chaude. Égouttez, salez, poivrez.

3. Tapissez les ramequins de film alimentaire. Délayez la gelée dans 70 cl d'eau froide, portez à ébullition tout en remuant. Arrêtez la cuisson, versez le Tabasco et le vinaigre. Laissez refroidir.

4. Versez 1 cm de gelée dans les ramequins. Mettez au réfrigérateur. La gelée prise, répartissez la moitié des champignons, des carottes et des petits pois égouttés. Couvrez avec la gelée liquide. Faites prendre à nouveau. Répartissez le reste des champignons et des légumes, versez la gelée restante. Rabattez le film alimentaire. Entreposez 4 h au réfrigérateur.

Au premier plan : aspic de champignons avec une sauce à base de yaourt, crème et ciboulette. À l'arrière-plan : poisson en gelée.

GELÉE DE VIANDES MAISON

original

Une portion contient environ : 500 kcal. Protides 52 g. Lipides 32 g. Glucides 3 g.

Pour 12 parts
Préparation : 45 mn
Cuisson : 5 h
Réfrigération : 2 x 12 h

- *3 kg de pieds de veau*
- *500 g d'échine de porc*
- *500 g d'épaule de veau*
- *500 g de jarret de bœuf sans os*
- *200 g de couennes*
- *4 carottes*
- *200 g de céleri-rave*
- *2 oignons*
- *2 ou 3 cornichons*
- *3 ou 4 feuilles de gélatine (facultatif)*
- *4 feuilles de laurier*
- *1 cuil. à soupe de graines de moutarde*
- *sauce Tabasco*
- *12,5 cl de vinaigre de vin blanc*
- *1 pincée de sucre*
- *1 cuil. à soupe de grains de poivre blanc*
- *sel*

1. Mettez les pieds de veau ainsi que les couennes dans un grand faitout rempli de 5 à 6 litres d'eau. Ajoutez les oignons entiers non pelés, poivre, moutarde et laurier. Portez à ébullition, écumez et laissez frémir 3 h à découvert. Salez.

2. Ajoutez les viandes dans le bouillon et laissez-les cuire 2 h à petits frémissements. 30 mn avant la fin de la cuisson, épluchez les carottes et le céleri-rave, ajoutez-les entiers.

3. Retirez les couennes, les pieds de veau, les viandes et légumes du bouillon. Filtrez le bouillon et faites-le réduire à 1 litre. Laissez-le refroidir et gardez au froid toute la nuit.

4. Le lendemain, éliminez le gras figé à la surface. Si le bouillon n'a pas entièrement pris, faites ramollir la gélatine dans de l'eau froide et faites-la dissoudre dans le bouillon réchauffé. Salez et ajoutez sucre, vinaigre et sauce Tabasco.

5. Détaillez la chair des pieds de veau, les couennes, les viandes, les légumes et les cornichons en petits dés et remplissez-en un moule rectangulaire de 1,5 litre. Versez-y le bouillon et entreposez au froid pour la nuit.

6. Pour servir, plongez le moule quelques secondes dans de l'eau chaude et retournez-le sur un plat. Servez avec du pain de campagne et une rémoulade légère.

RÉMOULADE LÉGÈRE

relevé

Une portion contient environ : 45 kcal. Protides 3 g. Lipides 3 g. Glucides 1 g.

Pour 6 à 8 personnes
Préparation : 30 mn

- *2 échalotes*
- *1/2 bouquet de persil plat*
- *1/2 bouquet de ciboulette*
- *4 œufs durs*
- *2 pots de yaourt nature*
- *20 cl de crème fleurette*
- *6 cornichons*
- *4 cuil. à soupe de câpres*
- *2 cuil. à café de moutarde*
- *2 cuil. à soupe de vinaigre de vin blanc*
- *1/2 cuil. à café de sucre*
- *sel, poivre blanc du moulin*

1. Hachez finement les œufs, les échalotes, les câpres, les cornichons et les fines herbes lavées. Mélangez le tout avec les autres ingrédients. Laissez éventuellement la sauce pendant 1 h au frais. Si elle vous semble trop épaisse, détendez-la avec un peu de lait.

♦ Cette mayonnaise convient à n'importe quelle viande froide.

Au premier plan : gelée de viandes maison.
À l'arrière-plan : rémoulade légère.

MOUSSE AUX FRAISES

parfumé

Une portion contient environ :
440 kcal. Protides 8 g.
Lipides 32 g. Glucides 30 g.

Pour 4 personnes
Préparation : 30 mn
Réfrigération : 4 h

- *600 g de fraises*
- *40 cl de crème fleurette*
- *10 feuilles de gélatine*
- *3 cuil. à soupe de liqueur d'orange ou de sirop de fraise*
- *1 cuil. à soupe de jus de citron*
- *6 à 7 cuil. à soupe de sucre*

1. Préparez les fraises. Mettez-en 100 g de côté, réduisez les autres en purée. Incorporez le sucre.

2. Faites ramollir la gélatine dans un bol d'eau froide. Faites chauffer doucement la liqueur d'orange avec le jus de citron, et faites-y dissoudre la gélatine. Incorporez à la purée de fraises.

3. Fouettez la crème fleurette et incorporez-la délicatement. Versez la mousse dans un moule à savarin, faites prendre 4 h au frais.

4. Pour servir, trempez le moule quelques secondes dans de l'eau chaude, puis retournez-le sur un plat. Décorez avec des rosettes de crème et les fraises réservées.

CONSEIL !

Pour obtenir une mousse bien ferme, il vous faut 10 feuilles de gélatine. Si vous voulez en mettre moins (7 feuilles), la mousse sera trop molle pour être démoulée. Prélevez alors les portions avec une cuillère et faites une jolie présentation.

VARIANTES

Vous pouvez remplacer les fraises par des framboises ou des mûres. Parfumez alors la mousse avec de la liqueur de fraise, de framboise ou de mûre.

MOUSSE AU CHOCOLAT

recette à la crème

Une portion contient environ :
310 kcal. Protides 6 g.
Lipides 23 g. Glucides 20 g.

Pour 6 à 8 personnes
Préparation : 30 mn
Réfrigération : 2 h

- *200 g de chocolat amer de bonne qualité*
- *5 œufs*
- *30 cl de crème fleurette très froide*
- *4 cuil. à soupe de sucre*
- *1 sachet de sucre vanillé*
- *2 cuil. à café de café soluble*
- *2 cuil. à soupe de cognac ou de liqueur à l'orange*

1. Faites fondre le chocolat au bain-marie avec 5 cuillerées à soupe de crème. Mélangez.

2. Cassez les œufs en séparant les jaunes des blancs. Travaillez les jaunes avec le sucre et le sucre vanillé jusqu'à obtention d'une masse épaisse et claire. Battez les blancs en neige et fouettez le reste de la crème jusqu'à ce qu'elle soit ferme et mousseuse.

3. Laissez refroidir la crème au chocolat et parfumez-la avec le cognac et le café. Incorporez-y d'abord le mélange œufs-sucre, puis la crème fouettée et enfin les blancs en neige. Versez la mousse dans des coupes individuelles ou dans une jatte. Laissez prendre 2 h au réfrigérateur. Éventuellement, décorez de copeaux de chocolat.

CONSEIL !

La crème fleurette est une crème liquide à 20 % de matières grasses qui se fouette très bien lorsqu'elle est très froide.

À gauche : mousse au chocolat.
À droite : mousse aux fraises.

FROMAGE BLANC GLACÉ AUX FRAMBOISES

frais

Une portion contient environ :
210 kcal. Protides 3 g.
Lipides 15 g. Glucides 15 g.

Pour 10 parts

Préparation : 25 mn

Congélation : 4 h - Marinade : 1 h

- *500 g de framboises*
- *3 jaunes d'œufs*
- *500 g de fromage blanc maigre*
- *40 cl de crème fleurette*
- *100 g de sucre*
- *1 cuil. à soupe de sucre vanillé*
- *2 ou 3 cuil. à soupe de sucre glace*
- *2 cuil. à soupe d'eau-de-vie de framboise ou de sirop*

1. Faites macérer la moitié des framboises 1 h dans l'eau-de-vie mélangée à 2 cuillerées à soupe de sucre.

2. Travaillez les jaunes d'œufs avec le reste du sucre jusqu'à obtention d'une masse crémeuse. Incorporez le fromage blanc et le sucre vanillé, puis la crème fleurette fouettée. Amalgamez délicatement les framboises macérées. Déposez la masse dans un moule à cake de 1,5 litre. Faites prendre 4 h au congélateur.

3. Réduisez en coulis le reste des framboises avec le sucre glace. Sortez le moule du congélateur 1 h avant de servir et mettez-le au réfrigérateur. Pour servir, coupez en tranches et nappez de coulis.

PARFAIT AU CHERRY

festif

Une portion contient environ :
280 kcal. Protides 7 g.
Lipides 17 g. Glucides 23 g.

Pour 4 à 6 personnes

Préparation : 25 mn

Réfrigération : 3 h

- *4 œufs*
- *1 cuil. à soupe de jus de citron*
- *25 cl de crème fleurette*
- *90 g de sucre*
- *6 feuilles de gélatine*
- *25 cl de cherry*

1. Faites ramollir la gélatine dans de l'eau froide. Dans le cherry chauffé, faites dissoudre la gélatine. Séparez les jaunes des blancs des œufs.

2. Travaillez les jaunes avec 60 g de sucre pour obtenir une crème lisse et incorporez-la au cherry. Fouettez les blancs en neige ferme avec le reste du sucre, ajoutez le jus de citron. Amalgamez le tout. Faites prendre 1 h au réfrigérateur.

3. La préparation commence à prendre : incorporez-y la crème battue au fouet. Répartissez dans des coupes. Mettez 2 h au réfrigérateur. Décorez de rosettes de chantilly et de cerneaux de noix.

PARFAIT AU RHUM

subtil

Une portion contient environ :
250 kcal. Protides 4 g.
Lipides 17 g. Glucides 18 g.

Pour 6 personnes

Préparation : 15 mn - Congélation : 4 h

- *6 jaunes d'œufs extra frais*
- *20 cl de crème fleurette*
- *100 g de sucre*
- *5 cuil. à soupe de rhum brun*

1. Travaillez les jaunes d'œufs et le sucre jusqu'à obtention d'une crème épaisse et claire. Ajoutez le rhum. Incorporez la crème fleurette fouettée. Versez la masse dans un moule. Faites prendre 4 h au congélateur.

♦ Le parfait au rhum se marie bien avec des cerises chaudes ou des framboises. On peut aussi lui incorporer des pépites de nougatine ou de chocolat.

Au premier plan : fromage blanc glacé aux framboises.
Au fond à gauche : parfait au cherry.
Au fond à droite : parfait au rhum.

FRUITS ROUGES EN GELÉE SAUCE AU YAOURT

rafraîchissant

Une portion contient environ : 160 kcal. Protides 3 g. Lipides 6 g. Glucides 23 g.

Pour 8 personnes
Préparation et cuisson : 45 mn
Réfrigération : 6 h

Pour la gelée :
- *fraises, framboises, groseilles et myrtilles (150 à 200 g de chaque)*
- *100 g de sucre*
- *7 feuilles de gélatine*
- *40 cl de vin blanc sec*

Pour la sauce :
- *le zeste râpé de 1/2 citron non traité*
- *250 g de yaourt au lait entier*
- *1 cuil. à soupe de crème fraîche épaisse*
- *3 cuil. à soupe de sucre glace*
- *2 à 3 cuil. à soupe de liqueur d'orange ou de marasquin*

1. Préparez la gelée. Faites ramollir la gélatine dans de l'eau froide. Faites frémir le sucre 4 mn avec 10 cl d'eau. Ajoutez la moitié du vin blanc. Égouttez la gélatine et faites-la dissoudre hors du feu dans ce sirop. Ajoutez le reste de vin blanc.

2. Lavez les fruits. Coupez les fraises en deux. Versez 5 mm de gelée dans un moule carré de 1 litre. Mettez au réfrigérateur. Quand la gelée est ferme, étalez une couche de fraises. Versez un peu de gelée dessus, faites prendre à nouveau. Procédez ainsi jusqu'à épuisement des fruits et de la gelée. Couvrez le moule et laissez-le 6 h au réfrigérateur.

3. Préparez la sauce. Mélangez yaourt et crème, sucre et zeste de citron, parfumez avec la liqueur.

4. Pour servir, trempez le moule 10 secondes dans l'eau chaude et retournez-le sur un plat.

TERRINE AUX POMMES

léger

Une portion contient environ : 230 kcal. Protides 5 g. Lipides 13 g. Glucides 21 g.

Pour 10 parts
Préparation et cuisson : 40 mn
Réfrigération : 4 h

- *2 pommes acides*
- *5 jaunes d'œufs*
- *1 cuil. à soupe de jus de citron*
- *60 cl de lait*
- *25 cl de crème fleurette*
- *130 g de sucre*
- *6 feuilles de gélatine*
- *la pulpe de 1/2 gousse de vanille*
- *12,5 cl de vin blanc sec ou de jus de pomme*
- *1 cuil. à soupe de rhum*
- *1 pincée de sel*

1. Portez à ébullition le lait avec la pulpe de vanille et le sel.

2. Faites ramollir la gélatine dans de l'eau froide. Préparez un bain-marie très chaud. Travaillez les jaunes d'œufs avec 120 g de sucre, dans une jatte supportant la chaleur, afin d'obtenir une masse crémeuse. Versez-y doucement le lait bouillant. Placez la jatte dans le bain-marie et remuez jusqu'à épaississement. Faites-y dissoudre la gélatine égouttée. Retirez du feu, remuez encore pendant 5 mn.

3. Coupez les pommes pelées en petits dés. Versez le vin blanc, le rhum, le jus de citron et 1 cuillerée à soupe de sucre dans une casserole. Ajoutez les pommes et faites-les ramollir à feu moyen, en tournant sans cesse. Laissez refroidir, puis incorporez à la crème.

4. Fouettez la crème fleurette et incorporez-la à la préparation précédente. Versez le tout dans un moule carré de 1,5 litre. Lissez et mettez 4 h au réfrigérateur. Servez avec un coulis de framboises ou de mûres.

Au premier plan : fruits rouges en gelée.
Au centre : sauce au yaourt.
À l'arrière-plan : terrine aux pommes.

MOUSSE AU CITRON VERT

rafraîchissant

Une portion contient environ :
380 kcal. Protides 10 g.
Lipides 19 g. Glucides 43 g.

Pour 6 personnes
Préparation et cuisson : 35 mn
Réfrigération : 4 h 30

- *10 ou 12 citrons verts (soit 25 cl de jus)*
- *6 œufs*
- *25 cl de crème fleurette*
- *250 g de sucre*
- *6 feuilles de gélatine*

1. Lavez et essuyez les citrons. Râpez fin le zeste et pressez la pulpe. Faites ramollir la gélatine dans de l'eau froide.

2. Filtrez le jus de citron, faites-le tiédir et laissez-y fondre la gélatine égouttée.

3. Séparez les blancs des jaunes. Travaillez les jaunes et le sucre pour obtenir une crème lisse. Préparez un bain-marie très chaud. Portez la crème fleurette à ébullition, incorporez-la, en remuant, à la crème aux œufs. Placez dans le bain-marie et tournez jusqu'à ce qu'elle soit épaisse et chaude.

4. Incorporez le jus de citron et deux tiers du zeste râpé à la crème précédente, mélangez pour obtenir une masse homogène. Mettez 30 mn au réfrigérateur.

5. Montez les blancs en neige ferme et incorporez-les délicatement à la préparation. Répartissez la mousse dans des coupes et placez 4 h au réfrigérateur.

6. Juste avant de servir, décorez avec le zeste restant.

CAKE AU CHOCOLAT

familial

Une portion contient environ :
360 kcal. Protides 3 g.
Lipides 25 g. Glucides 33 g.

Pour 14 parts
Préparation et cuisson : 30 mn
Réfrigération : 6 h

- *350 g de chocolat amer*
- *100 g de petits-beurre*
- *4 jaunes d'œufs*
- *250 g de beurre*
- *200 g de sucre*
- *4 cuil. à soupe de chocolat en poudre*

Pour le moule : film alimentaire

1. Faites fondre le chocolat en morceaux dans un bain-marie chaud. Mettez-le ensuite dans un bain-marie froid.

2. Travaillez le beurre et le sucre pour obtenir une masse crémeuse. Incorporez-y progressivement les jaunes d'œufs, le chocolat en poudre et le chocolat fondu tiède.

3. Tapissez un moule à cake de 1,5 litre avec du film alimentaire et déposez dans l'ordre : une couche de chocolat de 1 cm, une couche de petits-beurre, une couche de chocolat… jusqu'à épuisement des ingrédients. Terminez par une couche de chocolat.

4. Rabattez le film alimentaire, faites prendre 6 h au réfrigérateur. Démoulez et ôtez le film. Décorez à votre fantaisie. Pour découper, utilisez un couteau à lame fine trempé dans de l'eau chaude.

VARIANTE

Pour des convives adultes, vous pouvez remplacer le chocolat en poudre par du café fort et garnir de rosettes de chantilly surmontées de cerises confites.

Au premier plan : cake au chocolat. À l'arrière-plan : mousse au citron vert.

Dans la colonne Rapidité, les temps de préparation et de cuisson sont additionnés.
Les temps de marinade, de réfrigération, de trempage et de repos ne sont pas compris.

L'édition originale de cet ouvrage a été publiée
sous l'intitulé *Pasteten Terrinen & Co.* par Gräfe und Unzer GmbH, München

Les photos sont de Odette Teubner, Kerstin Mosny et Madga Weber.
La photo de couverture est de Laurent Bianquis.

Traduction : Mireille Touret
Secrétariat d'édition : Marie-Reine Hay - Maquette : Béatrice Lereclus

Dépôt légal : 8847-01-1997 - N° d'éditeur : 39638
ISBN : 2-01-62-0715-9
62-62-0715-01-3

Impression : Canale, Turin (Italie).

Petits Pratiques Hachette

100 titres disponibles

cuisine

- Agneau
- Barbecue
- Bœuf
- Brunchs
- Buffets
- Céréales
- Champignons
- Chocolat
- Cocktails
- Confitures, conserves
- Cuisine alsacienne
- Cuisine asiatique
- Cuisine pour bébés
- Cuisine bretonne
- Cuisine chinoise
- Cuisine aux condiments
- Cuisine créole
- Cuisine pour deux
- Cuisine facile
- Cuisine grecque
- Cuisine aux herbes
- Cuisine indienne
- Cuisine italienne
- Cuisine libanaise
- Cuisine marocaine
- Cuisine orientale
- Cuisine pour une personne
- Cuisine provençale
- Cuisine russe
- Cuisine tex-mex
- Cuisine au tofou
- Cuisine végétarienne
- Desserts
- Entrées et hors-d'œuvre
- Fondues
- Fruits exotiques
- Gratins et soufflés
- Le goût en quatre saveurs
- Légumes
- Mets et vins
- Oeufs
- Pâtes
- Pâtisserie
- Petits gâteaux
- Pizzas et tourtes
- Plats mijotés
- Poissons
- Pomme de terre
- Riz
- Salades composées
- Salades variées
- Sauces
- Soupes et potages
- Tartes et gâteaux
- Veau
- Volailles

animaux

- Aquariums
- Aquarium, les plantes
- Boxers
- Canari
- Caniches
- Chats
- Chiens
- Chinchillas
- Cochon d'Inde
- Hamster
- Perruche callopsitte
- Perruches ondulées
- Lapin nain
- Oiseaux du jardin
- Perroquets
- Petits chiens
- Poissons rouges
- Teckels
- Tortues
- Westies
- Yorkshires

jardinage

- Bambous
- Bégonias
- Bonsaî
- Bouquets
- Bouturages
- Cactus
- Fleurs à bulbes
- Géraniums, pélargoniums
- Jardin de mois en mois
- Orchidées
- Palmiers
- Pelouses et gazons
- Plantes aromatiques
- Plantes d'intérieur
- Potager
- Rhododendrons, azalées
- Roses
- Taille

décoration

- Couronnes de fêtes
- Encadrement
- Fleurs séchées
- Rideaux - Coussins *

* Nouveautées à paraître.

Hachette, côté pratique